HOPE

Niall Harbison

HOPE

Cómo los perros sin hogar me enseñaron el significado de la vida

Traducción de Antonela De Palma

Urano

Argentina – Chile – Colombia – España
Estados Unidos – México – Perú – Uruguay

Título original: *Hope*
Editor original: HarperElement, un sello de HarperCollins*Publishers*
Traductor: Antonela De Palma

1.ª edición: abril 2026

López de Hoyos, 92, Planta Baja Derecha – 28002 Madrid
www.edicionesurano.com

ISBN: 979-13-87662-34-9
E-ISBN: 979-13-87899-81-3
Depósito legal: M-1.912-2026

Fotocomposición: Urano World Spain, S.A.U.

Impreso por: Liberdúplex, S.L. – Ctra. BV 2249 Km 7,4
Polígono Industrial Torrentfondo – 08791 Sant Llorenç d'Hortons (Barcelona)

Impreso en España – *Printed in Spain*

A mi madre y mi padre, mi hermana y mis hermanos,
mis abuelas, mi familia ampliada y al puñado de amigos
cercanos a quienes preocupé constantemente y durante años
a causa de mis adicciones, y que hoy rara vez me ven
porque estoy rescatando perros las 24 horas del día
y los 7 días de la semana.

Les doy las gracias por haberme hecho quien
soy y espero que se sientan orgullosos de lo que hago.
Les dedico este libro.

ÍNDICE

PRÓLOGO

Mientras me agachaba para inspeccionar más de cerca a aquel animalito (apenas un despojo de vida, solo confirmado por un cuerpo todo tembloroso), hice un gesto de dolor. No pude evitarlo. Le siguió una larga exhalación, como un *ufff*, de esos que te nacen cuando no logras poner en palabras lo que estás viendo.

—Pobre chiquitín —murmuré entre apenado e incrédulo.

Siempre hay alguien que logra afectarte para mal, que hace algo que jamás te habrías esperado, por mucho que te parezca que lo has visto todo. Desde que vivo en Tailandia hace unos años, debo haber encontrado cientos y cientos de perros y cachorros en las condiciones más horribles y lamentables. Te desespera verlos así, sin excepción. Y he tenido que enterrar a muchos otros que no pudieron sobrevivir. Pero igual, en un punto, «te endureces». Es una necesidad porque, de otra forma, no podrías seguir adelante.

Para los perros que deambulan por estas calles, la vida no es fácil: no tienen a nadie que los cuide ni un lugar donde vivir. No existe hogar seguro donde puedan refugiarse. Tampoco nadie que los atienda cuando están enfermos. Se tienen que ganar cada comida con mucho esfuerzo y enseguida volver a la incertidumbre de dónde vendrá la siguiente. El hecho de que siguen luchando, y en su mayoría bastante felices, que viven el presente y que agradecen poder compartir la vida con otros perros es algo que me deja alucinado.

Pero, cada tanto, cuando estás mirando a un cachorrito en condiciones tan tristes como las de este, por mucha «cáscara» que se te haya hecho de ver lo mucho que padecen los perros callejeros, es imposible que no se te encoja el corazón.

La imagen de este pequeñín en mi oficina improvisada, en plena selva de Koh Samui, le daría ganas de llorar a cualquiera. Apenas si alcanzaba el tamaño de un melón y yo estimaba que tendría unas cuatro o cinco semanas de edad.

Tenía los ojos muy grandes (muy de cachorro) y oscuros, además de las orejas caídas y cuatro patas bien formadas. Pero fuera de eso, era como... una bolita repugnante. Lejos está ese de ser un término médico, tan lejos como estoy yo de ser veterinario, pero no sabría describirlo de una manera más técnica.

—Pobre chiquitín —le dije para tranquilizarlo. Me daban ganas de acariciarlo y darle un poco de cariño, pero tenía la piel tan enrojecida que no sabía bien qué parte tocar para no empeorarle el tormento. No le quedaba ni un rastro del pelaje y, por tanto, no había nada que lo protegiera del frío u otras inclemencias del tiempo. Prácticamente, en cada milímetro de su cuerpo había heridas abiertas y unas costras asquerosas—. ¿Qué diablos te ha pasado, amiguito?

Muy despacio, le acerqué un dedo y le toqué una pata delantera, aparentemente el lugar menos riesgoso. Necesitaba demostrarle que iba a cuidarlo, que no era un enemigo, sino un amigo. Y que quería ayudarlo a estar mejor.

Temblaba tanto... ¿sería porque tenía frío?, ¿porque tenía miedo?, ¿porque estaba enfermo? No me explicaba cómo ese cuerpecito diminuto, que me cabía en la palma de la mano, podía soportar semejante temblor. El perrito lanzaba unos gemidos muy débiles, casi inaudibles.

—Oye, chiquitín, vamos a ayudarte —le susurré mientras le acariciaba la patita delantera en el mismo punto donde parecía que la piel iba a explotar de pus, sangrar sin parar o quizá hasta caerse. Alcé la vista, horrorizado, y crucé la mirada con mi amigo Rod, que me lo había traído y se encontraba de pie a mi lado.

—Por Dios, Rod —le dije desde abajo, todavía inclinado sobre el cachorrito.

—Lo sé —me respondió Rod lamentándose—. No pinta nada bien.

Como a mí, a Rod le apasionan los animales, y habíamos rescatado a muchos perros desde mi llegada a Koh Samui. Ahora él había encontrado a esta pobre criaturita abandonada junto a una carretera, saliendo de detrás de unos arbustos donde probablemente había estado buscando sobras de comida.

Quién sabe cómo había terminado allí. Me imagino que tendría hermanitos que no habían corrido la misma suerte. Solo Dios sabe cómo había logrado sobrevivir tanto tiempo. Como es habitual, no sabíamos nada sobre el pasado de este cachorro, pero Rod lo había rescatado y traído para ver si podíamos aliviarle el sufrimiento.

—No sé si sobrevivirá —dije.

No teníamos la menor idea de qué problema tenía en la piel o cómo había llegado a esas condiciones tan terribles. Era sarna, estaba casi seguro. La sarna es una enfermedad provocada por un ácaro bastante común en esta región del mundo. Causa una picazón muy intensa y, como los animales que la padecen se rascan mucho, se lastiman, se les forman costras y se les cae el pelo. Pero este perrito parecía estar incluso peor que eso. Las infecciones de la piel eran horrendas. Tenía que encontrar la manera de ayudarlo.

Busqué la manta más suave que tenía en mi oficina y, con todo el cuidado posible, lo levanté con la idea de que la manta aliviara un poco el contacto con su piel. Pero claramente le dolió, porque lanzó un gritito y me miró con ojos suplicantes, lo que me rompió el corazón.

—Tranquilo, ya pasa —le dije para serenarlo. Es imposible no sentirse culpable por provocar más dolor, incluso cuando tu intención es la de ayudar.

El cuerpo de este perrito parecía arder y algunas de las lesiones más graves le supuraban. Ni siquiera había podido sentarse, porque no toleraba la presión del peso de su cuerpo (por pequeño que era) contra el duro suelo. Había estado moviéndose de un lado a otro tratando de encontrar un lugar donde descansar. Al menos ahora yo lo tenía envuelto en la manta como un bebé.

Ya estaba oscureciendo. Sabía que, de no haber sido por Rod, que lo había encontrado esa noche, el cachorro no habría visto el amanecer.

Lo sostuve como un paquetito en mis brazos, dejándole al descubierto los ojos bien abiertos y el hocico para que pudiera respirar, y luego lo apoyé en un rincón tranquilo de la oficina para que pudiera dormir cómodo, y le dejé un juguete de peluche. Muchas veces les llevo peluches a los cachorros, como es habitual con los bebés. A algunos les encantan, no todos les prestan atención, pero, incluso si no les interesan, hay algo en esa costumbre que me hace sentir mejor. Es tratarlos bien, darles amor. Pensaba en qué le habría pasado a la madre de este perrito y en lo asustado que se habrá sentido el pequeño cuando se quedó sin su protección.

Poco a poco, el temblor menguó y el cachorro, que apenas si había pestañeado al hallarse en semejante estado de alerta, empezó a cerrar los ojos. Me di cuenta de que se le estaba pasando el efecto de la adrenalina y, con ello, el estado de lucha o huida. Cuando se está al borde de la muerte, eso es lo que hace el cuerpo; forma parte del instinto de supervivencia. Pero ahora este cachorro se encontraba totalmente rendido, con todas las hormonas del estrés en reposo.

Es algo que he visto muchas veces en perros que se encuentran en situaciones límite, como en este caso. Cuando perciben que están a salvo, bajan la guardia, y esto puede producir un gran deterioro de la salud. Es en ese momento cuando puedes perderlos.

Le dimos unos medicamentos básicos para aliviarle el dolor y reducir un poco la inflamación de las heridas. Eso quizá lo ayudaría a dormir y descansar un poco, y a la mañana siguiente iríamos a la clínica veterinaria a primera hora. Hice la promesa de que, si sobrevivía a la noche y si el veterinario era mínimamente optimista sobre sus probabilidades, le cocinaría un magnífico bistec y caballa fresca.

No era la primera vez que encontraba un perro con la piel así de horrible. Antes que él había venido Derek, un animal fabuloso y dulce al que todos adorábamos (algo que no ha cambiado: ¡ya lo conocerás mejor!). Con él me había dado muy buenos resultados darle pescados grasos como la caballa, además de mucho amor, cariño y paciencia. Un tiempo después, ya sin su horrible enfermedad de la piel, estaba totalmente sano y libre de lesiones. Hoy es un perro precioso y estoy muy feliz de que lo hayamos ayudado: se encuentra totalmente recuperado, tiene una excelente salud y una personalidad graciosísima.

Así que tenía confianza en que, con algunos medicamentos, tiempo, una buena alimentación y mucho amor, podríamos lograr lo mismo con este perrito.

—Vuelve a casa, Rod —le dije a mi amigo.

A Rod se lo veía casi tan cansado como al cachorro. Rescatar perros exige muchas horas y esfuerzo, y te deja emocionalmente exhausto. Lo cierto es que he visto a pocas personas tan dedicadas al cuidado de los animales como él.

—¿Qué nombre le vamos a poner, Niall? —me preguntó mientras agarraba las llaves del coche para marcharse a casa.

Miré a la bolita que dormía a mi lado.

—Pongámosle Rodney —le dije—. En tu honor. Y esperemos que mini-Rodney haga como Derek y se ponga mejor.

Rod se fue, yo me agaché cerca de su ahora durmiente tocayo y, olvidándome de la piel repugnante, le di un beso en el hocico con mucha ternura y le deseé que se mejorara. Pensé que había un 50 por ciento de probabilidades de que llegara a ver el siguiente amanecer y no lo iba a dejar solo ahora.

Le acaricié un poco más la patita y me preparé para una larga noche.

1

CUANDO ERA NIÑO...
Y UN ADOLESCENTE
ATRIBULADO

Si estás leyendo este libro, no me cabe duda de que amas a los animales tanto como yo. Pero ¿siempre han tenido un lugar especial en tu vida?

Hoy soy un irlandés calvo que se pasa los días entre perros (y gran parte de las noches soñando con ellos, para ser sincero), así que quizá pienses que he tenido perros toda la vida y que han sido muy importantes en ella desde que era un crío; la realidad es que no. Cuando era niño, ni siquiera tenía perro.

Me crie como hijo único en Bruselas. Durante años, mi familia la formábamos mi madre, mi padre y yo. Y éramos felices. Mi madre, Kathleen, y mi padre, Ronan, eran muy jóvenes cuando empezaron su relación; ambos eran católicos y de pueblos vecinos del condado de Tyrone, en Irlanda del Norte. Se habían conocido en un baile local. Suena anticuado comparado con las aplicaciones de citas actuales, sin embargo, en una comunidad pesquera rural como era la suya, así era como se conocían las parejas.

Mi madre venía de una familia trabajadora, muy buena gente. Por las fotos que he visto, parece que de joven ella era muy guapa y mi padre, que era muy trabajador y ambicioso, se quedó prendado de ella. Se casaron en la iglesia del pueblo y yo nací en 1979, cuando mamá tenía 19 años y papá, 22; fui el primogénito y único hijo que tuvieron en común.

El conflicto armado de Irlanda del Norte se hallaba en plena efervescencia por aquel entonces, por lo que no era el mejor lugar para criar a un niño. Así que yo aún era un bebé cuando a mi padre le ofrecieron ser funcionario de la recién inaugurada Comisión Europea en Bruselas y nos fuimos a vivir allí. Era una oportunidad de verdad para que mis padres tuvieran una vida mejor.

Vivíamos en una casa adosada corriente, en un vecindario de clase media en las afueras de la ciudad, un lugar muy popular entre la comunidad de expatriados. La nuestra era una vivienda bastante modesta, una de cientos entre las de todas las familias que se asentaban allí para estar relativamente cerca del trabajo. Sin embargo, para mí era un lugar mágico: mi propio castillo. Tenía un cuarto todo para mí, había una pared en el jardín que me servía para jugar al tenis, un garaje donde guardar mi bicicleta y un montón de espacio para jugar con el balón de fútbol.

Al menos los primeros años de mi infancia fueron idílicos. Los recuerdo como un tiempo de mucha felicidad y amor, con amigos que venían a disfrutar de barbacoas, de partidos de fútbol y de fiestas de cumpleaños infantiles. De niño, estaba obsesionado con el fútbol. Era aficionado al Manchester United y Diego Maradona era mi héroe. Me defendía bastante bien jugando y, aunque quizá no pensaba en ser jugador profesional, me pasaba todo mi tiempo libre pateando un balón, dedicado a mejorar durante horas y horas. Ahora que lo pienso, quizá esa fue una señal temprana de mi naturaleza adictiva. Nunca he tenido un diagnóstico oficial; sin embargo, estoy casi seguro de que en el sistema escolar actual me dirían que tengo TDAH y me pondrían en clases para niños con necesidades especiales. Era pura energía, no me podía quedar quieto y mi cerebro saltaba constantemente de un pensamiento a otro. A decir verdad, ¡eso no ha cambiado mucho!

Mi padre traía el pan a casa y mi madre se quedaba conmigo criándome, lo que supongo que era lo típico en los años 80. Aun así, no debe haber sido nada fácil para mi madre, estando tan lejos de su país, lejos de toda su gran familia y con un bebé a su cuidado, siendo ella misma tan joven. Los vuelos baratos por Ryanair todavía no eran algo accesible, así que no existía la posibilidad de ir y volver al condado de Tyrone como se hace ahora. Pero, sin excepción, en las vacaciones de verano y en Navidad hacíamos el viaje para volver a ver a la familia. Mi madre tenía siete hermanos y hermanas, así que había un montón de primos con los que divertirse y nos juntábamos en cualquier campo a jugar a los soldaditos y a correr con Pickles, el fabuloso *cocker spaniel* de mi abuela.

Al no tener hermanos, yo siempre fui un niño independiente, introvertido por naturaleza y solitario. Podía pasarme el día solo y muy contento. Sigo siendo así. Socializar me ha generado ansiedad toda la vida y hoy no es la excepción.

Mis padres se llevaban muy bien con otra pareja de irlandeses que se habían trasladado a Bélgica al mismo tiempo que nosotros y tenían un hijo de mi edad, Sean. Sean era y sigue siendo mi mejor amigo. Se podría decir que yo era un chico bastante malcriado, con una vida llena de comodidades, incluido un colegio internacional muy sofisticado al que iba con todos los niños expatriados de Bruselas. A esa edad te resulta muy fácil aprender idiomas, así que enseguida me familiaricé con el francés y el neerlandés, aunque nunca he perdido mi acento irlandés.

Hoy sé que Tailandia es el lugar donde pasaré el resto de mis días sin embargo, durante un largo tiempo no tuve ni idea de cuál era mi lugar, el mío propio, en el mundo. Nunca sentí que perteneciera a un sitio en particular, ni a Irlanda del Norte, ni a Bélgica, ni siquiera a Dublín, donde viví años después. Me siento muy privilegiado por haber experimentado durante mi juventud una vida más cosmopolita, más al estilo europeo, en la que no faltaron los mejillones, ni las patatas, ni el contacto con gente de todo el mundo.

No me cabe duda de que en el continente europeo había una actitud más relajada en torno al consumo de alcohol. A los niños les permitían tomar sorbos de cerveza o de vino con su familia, y era habitual que los adolescentes se tomaran algunas cervezas después de un partido de fútbol o que estuvieran en un bar a partir de los 14 años sin que a nadie les llamara demasiado la atención. La cultura del consumo intensivo de alcohol en el Reino Unido y en Irlanda es tristemente célebre en todo el mundo, pero no era así en Bélgica cuando yo era niño. A mi madre le gustaba beber un poco de vino en la cena y mi padre se tomaba algunas cervezas en el jardín, y no calificaría a ninguno como un «gran bebedor», de modo que mi posterior dependencia del alcohol no puede achacárseles a ellos como algo que me hubieran legado.

Lo que sí llevé a cuestas con mucha culpabilidad más adelante, durante los años más destructivos de mi vida, fue la separación de mis padres. Culpé a mi padre, culpé a mi madre y me culpé a mí. Hasta que tuve 13 años, todo había sido perfecto. Era un niño mimado, sin preocupaciones y feliz. El divorcio de mis padres provocó un terremoto en mi vida. Yo jamás sospeché que estuvieran teniendo problemas conyugales. Tampoco recuerdo peleas. Hasta que, una noche espantosa, estaba en mi habitación haciendo los deberes (o, mejor dicho, no haciéndolos) cuando escuché voces alteradas abajo. Algo malo estaba pasando. Se oyó el estruendo de la puerta principal cerrándose. Oí que mi padre hablaba por teléfono y lloraba.

—¿Papá? —lo llamé sin haber puesto un pie en la escalera.

—Baja, Niall. Tengo que hablar contigo.

Ahora sí, descalzo, fui pisando muy despacio uno a uno cada peldaño, con una sensación extraña de opresión en el estómago. Cuando llegué a la sala, vi a mi padre, aquel hombre fuerte, grande, mi superhéroe, el protector de mi vida. Estaba pálido, deshecho. Tenía los ojos enrojecidos y llenos de lágrimas.

¿Qué demonios…?

—Tu madre —me dijo con la voz entrecortada—… tu madre se ha ido, Niall.

¿Se ha ido? ¿Adónde?

—¿Cómo que se ha ido? —le respondí, tratando de entender las palabras peculiares y extrañas que estaba modulando.

—Tu madre nos ha abandonado, Niall. Se ha ido con otro hombre.

Se sentó en el sofá y se puso a llorar.

Mi mente empezó a retroceder, como podía, tratando de encontrar pistas. Sí recordaba una discusión de unos días atrás, pero no le había dado importancia y había seguido jugando al fútbol, leyendo, entreteniéndome. Estaba entrando en la pubertad y con la cabeza ocupada en las chicas de mi edad. No pensaba en mi madre: ella era la que siempre estaba allí, de fondo.

—Pero va a volver después, ¿no, papá?

—No, hijo. —Mi padre levantaba la mirada del suelo—. No va a volver.

Y no volvió.

Mi madre se fue en diciembre de 1992 y desde entonces odio la Navidad.

En aquel momento no había teléfonos móviles y estuve varias semanas sin tener contacto con mi madre. Al principio, papá me envió «de vacaciones» a la casa de Sean. Luego me sacaron del colegio y me enviaron a Irlanda para que pasara allí las vacaciones de Navidad. En la familia todos me trataban bien y nadie me hablaba sobre lo que estaba pasando.

¿Mamá no iba a volver? Pero si ni siquiera se había despedido...

Había mucho que procesar y mi cerebro de 13 años no lograba comprenderlo. Entonces, lo barrí todo bajo la alfombra.

Unas semanas después, ya de regreso en Bruselas, finalmente vi a mi madre. No sabía cómo pedirme disculpas e intentaba explicarme que había otras razones por las cuales se había ido. Me aseguró que me quería mucho, al igual que mi padre. Deseaban lo mejor para mí y, aunque decían todas las palabras correctas, yo no entendía nada. Fue raro, nos costó poder hablar. No le devolví los abrazos.

Desconozco cuál es la mejor forma de sobrellevar esa situación para un chico de 13 años, la mía fue empezar a comportarme mal. Me convertí en un mocoso rebelde. En mi interior se había encendido la llama de una naturaleza autodestructiva.

Unos días después de aquellas vacaciones tan confusas, probé mi primer cigarrillo. Uno de los niños más terribles del colegio, un engreído, se había enterado de la separación de mis padres. La comunidad de expatriados era pequeña y los chismes volaban.

—¿Cuál es la historia, entonces? —me preguntó.

Balbuceé lo que sabía. Mi madre se había ido con otro hombre. Yo estaba viviendo con mi padre.

—¡Mierda! —esa fue su forma de manifestar compasión. Luego me mostró un paquete de cigarrillos Lucky Strike y me dijo—: ¿Por qué no pruebas uno de estos?

A la mierda con todo. ¿Qué más me da ser malo? Si las cosas ya se han ido al traste de todos modos.

Esa experiencia de encender el cigarrillo e inhalar el humo fue como la primera vez que pruebas cualquier cosa: algo asqueroso. Me hizo toser y me dolía la garganta, una sensación desagradable que era el reflejo exacto de cómo me sentía por dentro. Era horrible.

Después de la separación, lo cierto es que mi padre no escatimaba a la hora de darme dinero para mis cosas. Yo me lo gastaba en cigarrillos, que al poco tiempo también empecé a robar del supermercado, más por el subidón de adrenalina que por otra cosa. Hoy en día parece una locura, en el colegio de Bruselas hasta había un rincón para fumadores donde los niños autorizados por sus padres podían dar unas caladas, y era una práctica legítima. Así me inicié en el hábito de fumar, el cual no pude abandonar durante décadas.

También habían empezado a gustarme la cerveza y la sidra. Me agradaba el efecto que tenían en mí porque, con toda mi timidez y mi fobia social, me hacían sentir más relajado, más conversador. Y más seguro. En el pueblo incluso había una máquina expendedora de latas de cerveza, así que por 20 francos belgas podías sacar lo mismo una lata de una bebida alcohólica que una lata de Coca-Cola. Y enseguida nos dimos cuenta de que una mano pequeña cabía por la boca de la máquina, por lo que ni siquiera tenías que meter el dinero.

Durante la semana, me quedaba con mi padre. La casa nunca volvió a ser igual sin mi madre. Era como si toda la alegría, la comodidad y la seguridad se hubieran marchado con ella. Siempre sospeché que el sueño de mi padre era llegar a reconciliarse y recuperar su matrimonio. Fueron tiempos confusos y dolorosos para todos, pero mi padre me cuidaba, me preparaba la cena y era amoroso conmigo, lo que le debe haber costado mucho porque, a la vez, tenía que conservar su trabajo en la Comisión Europea.

A mi madre la veía los fines de semana. Ella y Andreas, el hombre por el que había dejado a mi padre, vivían juntos en un apartamento que me quedaba lo bastante cerca como para llegar en bicicleta. Aun así, no siempre me apetecía ir. Mi madre había conocido a Andreas en la oficina donde ambos trabajaban y mantuvieron su aventura durante muchos meses antes de que ella dejara a mi padre. Yo me llevaba con Andreas lo mejor que podía, pero mi adolescencia no fue una época feliz. También por entonces empecé a aficionarme a las apuestas.

Todo empezó con un inocente juego de dados que organizó el colegio para recaudar fondos para una entidad benéfica. Ese día me volví totalmente adicto: le rogaba a mi padre que me diera más francos, y luego más y más, todo con tal de seguir jugando. Veía que «la banca» siempre ganaba, a pesar de lo cual los chicos seguían metiéndole dinero sin pestañear. Así que monté mi propio casino en el colegio, con las mismas reglas. Esta vez yo era la banca, no el colegio ni la entidad benéfica. Hasta que los maestros se dieron cuenta y lo cerraron, habían sido unos diez chicos los que se reunían para jugar a la hora del almuerzo. Y yo no solo me llevaba una cantidad ridícula de su dinero, sino que estaba desarrollando un espíritu emprendedor.

A partir de entonces, siempre que había un nuevo lío en el colegio, allí estaba yo maquinando alguna cosa. No me importaba meterme en problemas. En algún momento se me ocurrió la idea de hacerme periodista, por lo que invertí en un dictáfono, en teoría para grabar conversaciones. Lo que grabé fue el timbre del colegio, ya que, al final de cada clase, un timbre electrónico señalaba que se había cumplido el tiempo de clase. Entonces, una vez lo hube grabado, empecé a reproducir el sonido quince minutos antes del final real de la clase y todos salíamos más temprano. Misión cumplida.

Otra broma pesada que hacía era garabatear en los cuadernos de tareas de mis compañeros cosas como «El profesor O'Neill es un idiota». Estaba todo el tiempo en la oficina del director. Y, como no paraba de hacer estupideces, suspendí los exámenes para pasar de curso. No era nada raro que un estudiante interno repitiera, aunque yo terminé repitiendo no uno ni dos, sino tres. Así que, con 15 años y en pleno estirón, estaba en la misma clase que los críos de 12. Me sentía como en una película de humor absurdo. Probablemente me habría ido bien si me hubiera aplicado, pero en aquel momento me sentía intrépido e indomable. La decisión unánime fue que lo mejor era que me marchara del colegio.

Mis padres me buscaron otro internado. En él mi comportamiento no mejoró exactamente. Siempre estaba poniendo a prueba los límites. Una vez provoqué el caos porque cortocircuité el sistema de la alarma despertador que sonaba tanto en los dormitorios de los estudiantes como en el del maestro que tenía que levantarnos. ¡Todos nos quedamos dormidos y ese día fue el mejor! Los otros chicos me trataban como un héroe. El colegio estaba lleno de inadaptados como yo. Todos fumábamos y nos tomábamos unas cervezas los viernes en el tren de regreso a nuestras casas. Meterme en problemas era la menor de mis preocupaciones.

Porque la mayor era mi madre. No faltaba a ninguno de mis partidos de fútbol y en esas tardes compartíamos un rato ameno, a veces incluso, alguna cerveza. Ella había conseguido un trabajo nuevo y hacía todo lo posible para darme un lugar cómodo en su casa, pero las cosas con Andreas no iban para nada bien.

Después de qué se mudaran juntos, él empezó a ser violento con ella. Mi madre aparecía con moretones cada vez más a menudo y sus excusas del tipo «me llevé por delante la puerta» o «me caí por las escaleras» ya eran de lo más inverosímiles.

Yo le tenía miedo a Andreas y temía por mi madre. Me odiaba a mí mismo por no poder ayudarla. Me quedaba en mi habitación haciendo como si las peleas (el llanto de mi madre, el terrible ruido de los golpes, los gritos y las bofetadas) no existieran. Percibía que las riñas tenían que ver principalmente con los celos de él: si mi madre se atrevía a ir a algún sitio sola o hacía cualquier tipo de actividad que no lo involucrara a él, lo veía como una amenaza. No es que bebiera demasiado, sino que se emborrachaba y después lo pagaba con ella. Sentía que yo era lo peor por no protegerla. Lo que hacía, en cambio, era esconderme o salir con mis amigos a tomar una cerveza tras otra con el propósito de entumecer la tristeza.

Como muchos maltratadores, Andreas le pedía perdón a mi madre y le decía cosas bonitas y la convencía de que se quedara con la promesa de que no volvería a pasar. Durante un tiempo, así era. Había días en los que parecía una persona normal, aunque yo vivía en tensión. Y la violencia siempre resurgía.

Una vez, estando en mi habitación, escuché una discusión que subía de tono y me acerqué despacio por el pasillo hasta la sala. Me quedé afuera en silencio. *¿Toco la puerta? ¿Hago ruido? ¿Entro sin avisar?* Dudaba, no sabía bien qué hacer… así que simplemente entré.

Mi madre estaba tumbada en el sofá con él encima mientras la amenazaba con algo que parecía una lámpara y se la agitaba cerca de la cara. Los dos se me quedaron mirando petrificados. Yo les sostuve la mirada, horrorizado. Me fui a mi habitación y recuerdo haber pensado: *Bueno, esta vez lo detuve, la he salvado.* También recuerdo haber pensado que, fuera lo que fuera lo que pasara, la vida no podía ser peor que eso.

Al día siguiente, Andreas, con alguna excusa patética, me llevó a dar una caminata larga. No faltó la historia lacrimógena sobre que sus padres le pegaban, aunque yo no le estaba prestando atención. Pensaba que tenía que seguirle la corriente, más allá de lo que sintiera por él. Era un idiota y también era un tipo fornido, y yo seguía siendo un chico flacucho. No dudaba de que, si quisiera, me podría dar una paliza tremenda. Quizá había «salvado» a mi madre esa vez cuando entré, pero la aguardaban otros golpes y lesiones, incluida una fractura de la cuenca ocular. Ese hombre era escoria.

Mi madre siguió con él durante años y, cuando yo tenía 16, tuvieron una hija, mi hermana Verónica. Los golpes se redujeron un poco mientras mi madre cuidaba a la bebé, a quien yo quería tanto como aborrecía al monstruo de Andreas. Por fin, mucho tiempo después de que yo dejara el nido, mamá reunió el valor necesario para cortar con él, gracias a Dios. Sin embargo, todo lo que vivimos me atormentó durante años.

Aunque en mi casa no hacía ninguna cosa extraña, en el colegio mi comportamiento iba de mal en peor. En el internado había un maestro particularmente autoritario con quien tenía encontronazos a diario. Yo solía llevarme libros de geografía para leer en la cama por las noches. Leer sobre otros lugares del mundo lejos de donde vivía era mi vía de escape. Una noche, ese maestro me vio leyendo con una linterna, me confiscó el libro y me suspendió. No soy una persona iracunda por naturaleza; no obstante, esa vez perdí los estribos por completo.

—¡Que te jodan, hijo de puta! —le grité furioso, escupiéndole todos los insultos que se me ocurrieron—. ¡Estoy tratando de aprender por mi cuenta, te puedes meter tu colegio de mierda por el culo! —Estaba furioso.

Llevaba un año en el internado cuando me pidieron que me marchara de allí también.

Así es como terminé, a mis 17 años, sin un diploma ni nada parecido, y sin la más remota idea de qué hacer con mi vida: mi adultez empezaba con muy mal pie.

2

TRABAJAR EN UNA COCINA... O LA RECETA DEL DESASTRE PARA UN ALCOHÓLICO EN CIERNES

Mi madre me apoyaba y era cariñosa, pero ahora tenía que ocuparse de mi hermanita Verónica. Mi padre me cuidaba mucho y nunca se enfadaba conmigo, aunque no le faltaban motivos. Estoy seguro de que estaba tremendamente decepcionado y preocupado, y solo quería que yo aprendiera un oficio, que tuviera un modo de ganarme la vida de cara al futuro. Así que, mientras el resto de mis amigos estaban pensando en qué universidad elegir, mi padre me animó a inscribirme en una escuela de gastronomía en Dublín. Él cocinaba muy bien y en algún momento a mí también me había interesado la cocina. Solía usar sus viejos libros de recetas y en ellos descubrí que incluso preparar algo sencillo como unos fideos con pollo, como los que hacía él, era bastante terapéutico. Todo ese tiempo dedicado a cortar, mezclar y crear algo delicioso me ayudaba a calmar el torbellino de pensamientos de mi mente.

Entonces me decidí. Tomé un avión a Irlanda para ir a la entrevista vestido con uno de los trajes de mi padre. Me sentía ridículo e intentaba desesperadamente aprenderme los nombres de los utensilios de cocina durante el vuelo. No sé qué pensaba que me preguntarían. De todos modos, mis preocupaciones terminaron siendo infundadas, porque me aceptaron en la escuela de cocina Dublin College of Catering, lo que conllevó un triste adiós a mi mejor amigo Sean y también a Kate, mi novia. Hacía unos meses que estaba saliendo con ella y me organizó una fiesta de despedida sorpresa, una de las cosas más bonitas que alguien haya hecho por mí. Quedamos en que continuaríamos la relación estando ella en Bélgica y yo en Dublín, sin embargo, la distancia enseguida echó por tierra la idea.

Ese verano, antes del inicio de clases, empecé a trabajar en un restaurante en Irlanda del Norte mientras vivía en casa de mi abuela. Ganaba una libra por hora (lo cual probablemente era ilegal) por emplatar pavo y jamón para los invitados a bodas y para que me dieran órdenes a gritos mientras machacaba patatas. Me encantaba. Era infinitamente mejor que el aburrimiento de la escuela y me daba mucho orgullo recibir el sobrecito marrón con 50 libras al final de la semana. Palpar esos billetes y monedas que me había ganado yo solo no tenía precio.

Me lo gastaba todo en sidra, refrescos con alcohol, cigarros y paquetes de patatas fritas. En el trabajo había hecho algunos amigos y salíamos juntos; éramos un grupo de chavales muy juerguistas. Una vez, después de tomar demasiadas cervezas, arrojé una piedra a una fuente pública y, cuando un policía me pilló con las manos en la masa, simulé que solo sabía hablar francés. Otra vez me puse a bailar encima de un coche. Menuda bronca me echó mi abuela.

También probé la marihuana por primera vez. Di unas caladas al porro de alguien y me dio un bajón. Eso me quitó las ganas de volver a probar las drogas por un buen tiempo, pero las ansias de beber alcohol ya habían echado raíces en mí.

De golpe, me sentí mucho más adulto. No quería arruinar todo como en el colegio. Cuando empecé a estudiar gastronomía, estaba decidido a conseguir algo en la vida. Lo cierto es que el curso no era la gran cosa; no obstante, gracias a mi trabajo de verano y a mi obsesión por los libros de cocina, me sentí con la seguridad suficiente como para presentarme a solicitar trabajo (muy humilde) en uno de los pocos restaurantes de la ciudad que tenía una estrella Michelin, el Peacock Alley.

Todas las noches, después de las clases, me iba al Peacock Alley y me dejaba el pellejo. Era un mundo radicalmente distinto al de las bodas. En aquel momento se trataba del mejor restaurante de la ciudad, y en la cocina había veinticuatro cocineros peludos y malhablados que, empujados por la testosterona, blandían cuchillos y ollas gigantes mientras decían las mayores barbaridades. Y cada vez que había un evento importante en Dublín, todas las celebridades, como Ronan Keating y Mariah Carey, se presentaban allí. El lujo y el *glamour* me fascinaban.

Todo el trabajo tedioso recaía sobre mí: las tareas más fastidiosas, como sacarles los tallos a las espinacas, pelar ajos y hacer decoraciones. Si me atrevía a moverme del espacio minúsculo que se me había asignado, me arreaban un puñetazo en las costillas literalmente. ¡Dios mío, la de groserías que se decían en esa cocina! Eso en sí mismo fue toda una formación extra. Era un hervidero de personajes bastos y misóginos, y yo era un jovencito extranjero esmirriado y paliducho. Sin embargo, disfruté cada segundo de ese ambiente frenético, donde aprendí muchísimo.

Dos de los jefes de cocina franceses hablaron pestes de mí una vez.

—¡El chico ese es un estúpido que no tiene ni idea! —dijo uno gritando.

Para ser sincero, nunca he sido un cocinero con mucha técnica. Pero lo que me faltaba lo suplía con audacia y no me amilanaba frente a esos pesos pesados. ¡Cómo disfruté contestándoles en un francés perfecto que les dejó pasmados! En poco tiempo, terminaron aceptándome por mi entusiasmo más que por mi talento.

El jefe de cocina era un tipo gigante y carismático que se llamaba Conrad Gallagher y me recordaba a esos cocineros que intimidan a los participantes en los *reality shows*. Con sus casi dos metros de estatura, se plantaba ahí en el pasaplatos y saludaba a todos los famosos con una ligera reverencia mientras a nosotros nos ensordecía con sus órdenes. Era temperamental, de eso no hay duda: arrojaba platos por la cocina si algo no estaba a la altura de sus exigentes estándares. Lo único que tenías que hacer era no dar la nota y trabajar mucho. Yo era un poco desvergonzado con él; no le faltaba al respeto, aunque tampoco me intimidaba, y en algún momento empecé a caerle bien. Todo el mundo tenía terror a sus arrebatos; sin embargo, yo le hacía bromas y así calmaba su malhumor.

—Vamos, Conrad, ¿dónde están las malditas patatas?—le decía riéndome. Él fingía estar furioso y me guiñaba un ojo.

Las jornadas de dieciséis horas eran normales, y llegué a ver llorar a hombres adultos, destruidos por el ritmo brutal del trabajo. Yo era un joven con ganas de aprender y logré sobrevivir hasta que me gradué de la escuela de cocina. Para ese entonces, el título no me aportaba nada. En gastronomía, si alguien quiere saber si sabes cocinar, te mete cuatro horas en la cocina. No importan los títulos. De todos modos, a mí me gustó conseguirlo y hacer que mi padre estuviera orgulloso. Al fin había logrado terminar algo.

Pero en paralelo a todo el trabajo de esos años, también me divertía a lo grande. Terminaba el turno tarde, a las once de la noche, y salía eufórico, listo para ir de fiesta. En ese tiempo, Sean estaba en Irlanda, al igual que otros compañeros de colegio que se habían vuelto a Dublín para estudiar en la universidad. Me encontraba con ellos después del trabajo, decidido a «ponerme al día» con la bebida.

En aquella época, mis dos tragos sofisticados predilectos eran: un *vodka* doble con bebida energética o un *vodka* triple con el cóctel Smirnoff Ice. Con la idea de emborracharme todo lo humanamente posible antes de las dos de la mañana, la hora del cierre de los locales, iba dando tumbos con tres bebidas en la mano. Si tu idea es emborracharte cuanto antes, no tiene sentido perder el tiempo con cerveza, ¿no?

Por lo general, cumplía mi objetivo de emborracharme y terminaba mucho peor que Sean y los demás muchachos. Sin embargo, a mí no me preocupaba esa necesidad imperiosa de beber: las borracheras eran algo aceptado. Algunas noches dormía media hora y luego me iba a trabajar. Nadie se inmutaba.

Y también estaba latente aquel impulso ludópata por apostar que había mostrado en el colegio… Aunque, en realidad, no era tan latente: no tardé en perder sueldos enteros en las casas de apuestas. Caballos, galgos, bingo, fútbol… todo me entusiasmaba.

Fue un cocinero el que me insistió para que probara mi primera raya de cocaína. Su consumo está muy extendido en el mundo de la gastronomía. Te da energía para soportar esas horas interminables de trabajo. Pero la idea de consumir droga me ponía nervioso y, de hecho, logré resistirme durante varios años. «¡Vamos, no seas cobarde!», me decían con tono burlón mientras me restregaban por la cara una bolsa de polvo blanco y billetes enrollados. Al final, cedí ante la presión.

También fue en esa época cuando probé mi primera pastilla de éxtasis. Después de haberme negado durante mucho tiempo, terminé zampándome una en un club nocturno de poca monta en Dublín. Media hora después, estaba riéndome como un maníaco.

—¡Dioooooos! —gritaba totalmente desencajado—. ¡Tenían razón, esto es increíble! —Me pasé el resto de la noche sonriendo, fascinado por la sensación de total confianza, mientras bailaba música tecno.

Después de esa noche, tuve mis pequeñas temporadas de drogas; por ejemplo, durante dos o tres fines de semana me tomaba unas pastillas y luego no las tocaba durante seis meses porque sabía que era demasiado peligroso para alguien como yo. Ya desconfiaba de mi «lado oscuro»: tenía una certeza absoluta de que mi personalidad tendía hacia las conductas adictivas.

También por ese tiempo empecé a tener síntomas de depresión y ansiedad. Hay un claro vínculo entre la salud mental y el consumo de drogas y alcohol, pero lo cierto es que en aquel momento lo desconocía. De hecho, ni siquiera sabía lo que eran la depresión o la ansiedad. En los 90 no se hablaba de eso, y mucho menos entre los jóvenes, a diferencia de ahora.

Por aquel entonces yo no asociaba mis bajones anímicos con el estilo de vida que llevaba. La ansiedad que me invadía después de esas noches frenéticas a veces era casi incapacitante. Primero, sentía la mandíbula tensa. Después, entraba en un estado nervioso que me impedía ir a cualquier tienda o siquiera poner un pie fuera de casa. Tampoco podía dormir.

A los 21 años, la ansiedad (y el consumo de alcohol) llegaron a otro nivel; fue cuando Conrad me hizo jefe de cocina de su nuevo restaurante, el Lloyd's Brasserie. A mí me faltaba muchísimo rodaje como para ocupar ese puesto, que me superaba por completo. En mi familia todos estaban muy orgullosos porque el chico sin ninguna calificación había logrado algo y eso intensificaba mis nervios. Me veía como un fraude. Un impostor. No sabía qué estaba haciendo. Al poco tiempo, todo el personal me odiaba porque pensaban que ese puesto no debía ser mío, sino de ellos. Y yo sentía que no podía confiar en nadie.

¿Y qué hice? Recurrí al alcohol para paliar la ansiedad… lo que no hizo más que empeorar las cosas, por supuesto. Cuando ya se me había pasado el efecto «relajante» de la primera bebida, seguía bebiendo para recuperarlo. Y todo ese alcohol era como gasolina para mis miedos. Tuve mi primer verdadero ataque de pánico mientras estaba de vacaciones con una novia, una chica encantadora que se llamaba Sabrina y trabajaba en el restaurante mientras estudiaba. Habíamos contratado un paquete turístico para pasar las vacaciones en España y, estando allí, sentí un terrible dolor en el pecho.

—Creo que vamos a tener que ir al hospital —le dije asustado y convencido de que me estaba muriendo.

Los médicos me hicieron todos los controles y me recetaron unas píldoras para calmarme, y luego me dieron el alta sin más. Entre los 20 y los 30 años, estuve hospitalizado cinco veces con los mismos síntomas: opresión en el pecho, dolor en el brazo, dificultad para respirar. Pero el electrocardiograma siempre salía bien.

Nadie jamás me dijo que eso eran ataques de pánico. Durante años, creí sinceramente que tenía algún problema coronario de base. Sé que parece una locura lo que voy a decir: yo seguía sin vincular esos episodios con el caos que era mi estilo de vida de fiesta en fiesta.

Algo que no contribuyó a la situación fue que el día antes de salir de vacaciones perdí en las apuestas 600 euros (los habíamos estado ahorrando). Lo había malgastado todo en una sola tarde y tuve que apañármelas en el último momento para que me prestaran dinero. Mi adicción a las apuestas se había convertido en una silenciosa constante en mi vida. Esas eran las idioteces que solía hacer, como faltar a algún lugar porque estaba borracho o con resaca, y Sabrina, como cualquier persona que se respeta, me dejó.

—No puedo seguir así —exclamó llorando en el coche—. Si sigues bebiendo, hasta aquí hemos llegado, Niall.

Fue la primera persona que me dijo seriamente que tenía un problema con la bebida. Y desde luego no fue la última novia que me dejó por esa razón.

~~~~~

La ruptura con Sabrina me dejó para el arrastre. Odiaba mi trabajo de jefe de cocina y me levantaba todos los días sintiendo una tremenda ansiedad. Sean y algunos de los otros muchachos, Barry y Cillian, estaban a punto de graduarse y planificaban un viaje a Australia. Sin prácticamente nada que me atara a Dublín, decidí renunciar a mi trabajo e irme con ellos.

No me costó mucho conseguir empleo en una cocina, y los cuatro alquilamos un apartamento en Melbourne; todos éramos chavales irlandeses bebiendo, fumando marihuana y queriendo pasarlo bien. Parecía el lugar perfecto para superar una ruptura. Retomé mi vida de fiesta.

Había un club llamado Revolver que estaba abierto las 24 horas y los 7 días de la semana. Fui un viernes y me quedé hasta la noche del domingo. Ese fin de semana, me tomé quince pastillas de éxtasis y litros de ron con Coca-Cola. Como era de esperar, la resaca no fue para nada agradable. No me levanté de la cama en cinco días, falté al trabajo y me despidieron. A mis amigos (que no consumían pastillas) todo les parecía de lo más gracioso. Pero no tenían ni idea de la tormenta que arreciaba en mi cabeza. Hasta para ir al baño necesitaba estar tres horas convenciéndome a mí mismo para enfrentarme al pasillo fuera de mi cuarto.

Trabajo como cocinero no me faltaba, aunque en cada empleo que conseguía solo duraba tres meses hasta que una borrachera se convertía en mi billete de salida. Yo me reía de la situación. «No quería trabajar ahí de todos modos», les decía a mis amigos con displicencia. El motivo era siempre la bebida. Estaba hecho un desastre, hasta llamaba borracho por teléfono a Sabrina, que hacía tiempo que había rehecho su vida.

Yo sabía que quería cambiar; sin embargo, había perdido el rumbo.

Por estas fechas Internet ya empezaba a formar parte de nuestras vidas, y un día que estaba sentado en un pequeño café con acceso a la red, mientras analizaba mis opciones, encontré información sobre las temporadas de esquí. Yo sabía cocinar, quería hacer *snowboard*… ¿y si me iba a trabajar a la montaña? Como me atraía la idea de cambiar de aires, me fui a los Alpes.

Siendo el jefe de cocina de un hotel de gerencia inglesa, lo único que tenía que hacer era montar un desayuno bastante básico, el té de la tarde y la cena. Lo hacía con los ojos cerrados. Me quedaba mucho tiempo libre para hacer *snowboard* y dedicarme a la vida nocturna. A las pocas semanas, no le prestaba la más mínima atención a la tabla de nieve, porque quería guardarme toda la energía para irme de fiesta. Era todo un descontrol.

Como mis responsabilidades en la cocina eran muy poco exigentes, no veía nada de malo en tomarme unas cervezas mientras preparaba un guiso de pollo... o el desayuno. Por primera vez, estaba bebiendo ya desde las siete de la mañana. *¿Qué tiene de malo?*

Trabajar durante la temporada de esquí, tal como aprendí, es un «regalo envenenado» para alguien con problemas de alcohol. Pintas por la tarde, vino caliente, cafés con *whisky*... sobraban oportunidades para beber. Además, cada semana llegaba un contingente de chicas preciosas. No cuesta ver cómo se acababa perpetuando el ciclo. Yo estaba entregado a todos los excesos y no era precisamente feliz. Antes del fin de la temporada, me peleé con mi jefe y dejé el trabajo. Seguía evadiendo mis responsabilidades y los demonios etílicos habían llegado para quedarse.

3

EN ALTAMAR

Trabajar en un yate fue la siguiente de mis ideas brillantes. Para entrar en ese mundo, tenías que ir a recorrer los muelles currículum en mano, para ver si conseguías un empleo de temporada.

Logré que me ficharan primero en un barco de 50 metros, y poco a poco fui ganándome un lugar en otros más grandes. El nivel de riqueza de esta gente era de locos: incluso alquilar uno de estos barcos supuestamente pequeños podía costar 60 000 dólares a la semana. Y si era uno de los más grandes, hablamos de millones.

Mi plan no tenía fisuras: podía ganar muy buen dinero trabajando en los yates, concretamente 4 000 euros al mes, sin contar las propinas. Es una excelente manera de ahorrar, porque todos los gastos de alojamiento y comida están cubiertos. Ni siquiera yo me podía gastar todo en alcohol y, estando en altamar, no existía la opción de apostar, así que invertí alguno de mis sueldos en acciones en la bolsa.

Uno de mis primeros empleos fue con un empresario de Malta. Era un hombre de muy buen trato; yo era su cocinero privado y viajaba con él a su mansión, además de cocinarle en su yate. ¡No puedo explicar lo locas que eran sus fiestas! Recuerdo haber cocinado para una que dio en vísperas de Año Nuevo en Green Park, Londres, a la que invitó a sus amigos más cercanos y a otras personas. Esa noche, terminamos todos en una discoteca estrafalaria, bailando entre 3 000 hombres con el torso desnudo. Era todo absurdo, pero muy divertido, y en esa época me emborrachaba día sí y día también. Tenía 23 años y me encontraba bajo la influencia de todo el dinero que tenía esa gente. Estaba deslumbrado.

Después de eso, conseguí un trabajo en el megayate del multimillonario Paul Allen, el *Octopus*, de 126 metros de largo. Paul fue el tipo que fundó Microsoft con Bill Gates. Los dieciocho meses que trabajé para él fueron una locura. A bordo había una piscina, una cancha de baloncesto, un cine y una barra de vinos, además de un yate para salir a navegar y un submarino.

Yo estaba principalmente bajo cubierta, ocupándome de la logística de los pedidos y del arreglo de las provisiones. Paul era muy introvertido y se comunicaba casi siempre por correo electrónico, incluso cuando se encontraba en la misma cubierta del yate. Nunca quería elegir lo que iba a comer en un menú: primero quería ver los platos, así que yo tenía que elaborar unos diez platos en cada comida para que él eligiera. Le gustaba el helado, de modo que teníamos en el congelador todos los sabores imaginables. Una vez, el que le apetecía era uno que justamente no teníamos: melocotón. Cuando eres muy rico, la gente te trata diferente. En lugar de decirle a Paul (que probablemente no habría tenido problema en elegir otro) que no había, mandaron a alguien en helicóptero a buscar helado de melocotón. Así que esa tarrina de helado costó, sin exagerar, miles de dólares.

El pescado para el sushi se traía en avión desde Japón, las trufas llegaban de Francia y la *mozzarella*, de Italia. En aquel momento, el tema de la sostenibilidad no era una preocupación, pero supongo que cuando tienes tanto dinero, puedes permitirte vivir así. En el barco, Paul tenía no uno, sino dos helicópteros, pero era un buen tipo y siempre se aseguraba de que el personal pudiera usarlos si los necesitaban.

Una vez cociné una enorme barbacoa en la playa para el 50.º cumpleaños de Bill Gates, y recuerdo haber oído una charla entre Bill y su esposa de entonces, Melinda. Me sorprendió lo amables y normales que me parecieron allí, hablando sobre la práctica de la equitación de sus hijos y cómo les estaba yendo en la escuela. Bill era claramente un genio, pero tan amable... me daba conversación cuando le estaba sirviendo el bistec y aunque después no me volvía a ver en seis meses, en cuanto coincidíamos de nuevo me decía: «¡Aquí estás, irlandés!». Yo no me podía creer que se acordara.

Fuimos a distintas partes del mundo. Al yate venían todo tipo de personalidades, desde miembros de la realeza hasta raperos famosos, estrellas de cine como Angelina Jolie y Cuba Gooding Jr., figuras del deporte como Lance Armstrong y otros famosos, como Paris Hilton. Había un estudio de grabación a bordo, así que veía a estrellas de pop como Shakira, los Red Hot Chili Peppers y U2. Bono, cuando supo que el jefe de cocina había trabajado en Dublín, me pidió que le preparara un desayuno irlandés completo para las cuarenta personas que viajaban con la banda.

Aunque yo estaba adentro del barco pelando patatas o limpiando mejillones, siempre trataba de escabullirme para ver a las celebridades. Quien más me impresionó fue Sacha Baron Cohen, porque su personaje Ali G. era muy popular en esa época. También recuerdo haber pensado que al tipo se le veía muy serio, incluso triste. Supongo que el dinero no compra la felicidad, al fin y al cabo.

Mientras los ricos y famosos vivían su vida llena de lujos, yo trabajaba a destajo bajo la cubierta. El personal siempre tenía su cuota de fiesta después del trabajo y como eran todos jóvenes, se liaban unos con otros. En muchos barcos, de hecho, no se permitía que hubiera parejas dentro de la tripulación por los problemas que traían las separaciones o las peleas. Aunque, por supuesto, esas cosas terminaban pasando igualmente.

Teníamos a nuestra disposición toda la bebida que quisiéramos, porque el barco estaba siempre bien provisto. Champán rosado, vodka, lo que fuera. Una vez se hizo un pedido de botellas de champán que costó 150 000 euros, pero los invitados eran rusos ortodoxos y no bebían alcohol. Aunque se les ofreció un reembolso, ellos no le dieron importancia al asunto y dijeron: «Que lo aproveche el personal». Y, en una muestra de decadencia, llenamos un jacuzzi de champán y nos bañamos ahí, solo porque podíamos. Una locura total.

Perder el conocimiento tras una inmensa borrachera se había vuelto normal para mí. Y después llegaba la paranoia. *¿Qué dije? ¿He hecho alguna estupidez? ¿Me insinué a alguien?*

Las resacas me superaban. Me sentía tan deprimido y ansioso que hasta llegué a enviarles un correo electrónico a todos los miembros de la tripulación en el que les decía que era alcohólico y que lamentaba lo ocurrido y que me iría del barco al día siguiente. Tenía una necesidad imperiosa de contárselo a la gente, era una llamada de auxilio desesperada, y yo realmente no quería continuar por ese camino. Me avergonzaba muchísimo.

Mis superiores me llamaron para hablar del tema; se portaron muy bien conmigo y me dijeron que me ayudarían. Yo estaba tan horrorizado por ese correo electrónico y mi conducta en general que dejé de beber durante varios meses después de ese episodio.

Tuve una recaída cuando estábamos en una playa de ensueño en Cerdeña. El Aperol Spritz se había convertido en la bebida del momento. Tenía una pinta estupenda.

A la mierda con todo. No me voy a quedar sentado tomando agua. Todo el mundo celebró cuando tomé un sorbo.

—¡Ey, ha vuelto! —decían riéndose y aplaudiendo. Era imposible no beber en ese ambiente.

Mientras tanto, en Bélgica, mi padre había conocido a una encantadora joven irlandesa, Grainne, e hice un viaje relámpago de 24 horas para asistir a la boda. Me alegraba que mi padre hubiera encontrado la felicidad que se merecía (y puedo decir con gran alegría que hoy tienen dos hijos encantadores, Noah y Ruadh); sin embargo, apenas recuerdo la boda porque estaba borracho como una cuba. Quedé inconsciente en el vuelo de regreso, todavía con el traje de la boda, y hasta tuvieron que bajarme del avión unos amigos. Algunos de los invitados al yate presenciaron toda la escena, lo que fue la mar de embarazoso cuando tuve que servirles unas horas después…

No obstante, como no era el único que tenía problemas con el alcohol, me resultaba fácil disimularlo. Hubo una noche muy accidentada en Tahití, en la que cuatro miembros del personal terminaron en el hospital por lesiones relacionadas con la ingesta de alcohol. Cuando el primer oficial prohibió el consumo de alcohol a todo el personal, para mí fue, francamente, un verdadero alivio.

~~~~~~

Ya llevaba tres años de excesos en todos los sentidos y pensé que era hora de salir de ese mundo desenfrenado de los yates. Mi último empleo de ese estilo fue en un barco mucho más pequeño, en el Caribe, en el que solo cocinaba para una pareja de ancianos canadiense. Tenían una política de cero alcohol en el barco que me hizo bien. En muchas ocasiones había estado buscando en Google «¿soy alcohólico?» con la plena certeza de que así era.

Durante el tiempo en que no consumí alcohol ni otras sustancias, me sentí mejor física y mentalmente, y para entretenerme un poco empecé a usar una cámara digital que tenía. Grabé un vídeo muy básico sobre cómo cocinar el bistec perfecto, lo edité y lo subí a YouTube que estaba en su primer año. El vídeo obtuvo 100 000 visitas, que en esos días eran una enormidad.

Aquí hay algo.

En mi cerebro empresarial se activaron los engranajes. Llamé a Sean, que para entonces trabajaba en un banco, pero yo sabía de su espíritu inquieto. ¿No sería genial trabajar con tu mejor amigo?

—Hagamos estos vídeos y colguémoslos en Internet: ¡ahí está el futuro de la cocina! —le dije animado—. ¡Vamos a ser multimillonarios como Paul Allen!

Me volví a Dublín, logré contagiarle mi entusiasmo a Sean y en 2007 nació iFoods. La idea era ofrecer vídeos instructivos accesibles y fáciles: cómo hacer el pollo al horno perfecto, los huevos revueltos perfectos y mucho más. La verdad es que TikTok ha demostrado que ahora hay un mercado para ese tipo de cosas. En aquel momento, íbamos un poco adelantados a la época y también a elementos tan necesarios como un ancho de banda decente. Pero no pensamos en todas las variables: solo supusimos que los millones los ganaríamos con las suscripciones. Al menos ese era el plan.

Aportamos 50 000 euros cada uno, más los de un tercer socio, Peter, que también era cocinero. No puedo ni explicar lo poco que sabía yo sobre ese negocio. Toda mi experiencia gastronómica había sido en la cocina; no entendía el funcionamiento de los medios y ni siquiera era muy hábil con la tecnología. Pero pensé, ingenuamente, que Sean podía ocuparse de los negocios, Peter invertiría y yo estaría delante de cámara siguiendo el legado del cocinero Jamie Oliver. Hoy me acuerdo de eso y… madre mía, qué bochorno.

El primer vídeo fue un éxito. *¡Esto es fácil!*

Estábamos haciéndonos conocidos y Sean incluso nos consiguió un espacio en el programa *Dragon's Den*[1], que era muy visto en el Reino Unido en aquel momento. Estuvimos varias semanas preparando la presentación y, aunque no nos eligieron para la inversión, conseguimos bastante visibilidad. Varias revistas nos hicieron entrevistas e iFoods tenía una aplicación en la tienda de Apple.

Pero, como buenos novatos, cometimos toda clase de errores de principiante y nos gastamos todo el dinero durante el proceso. Los números no cuadraban, estábamos bajo muchísima presión y todo el asunto nos estalló en las manos. ¿Qué hice yo? Empecé a beber vino en cantidades ingentes para mitigar el estrés.

Sean me culpaba a mí, yo culpaba a Sean, y nos peleamos de manera estrepitosa y dejamos de hablarnos durante dos años. Fue

---

1. *N. de la T.:* Un *reality show* británico en el que distintos emprendedores presentan sus propuestas de negocio a un «jurado» de millonarios que eligen las mejores para invertir su dinero en ello.

una verdadera caída en desgracia. Pensábamos que íbamos a terminar forrados y acabamos perdiéndolo todo. Me avergonzaba que el plan no hubiera funcionado.

Para entonces Facebook, Twitter y los blogs comenzaban a hacerse muy populares. Yo tenía 27 años cuando empecé a chatear con una chica de Brighton, Lauren Fisher, y hablábamos sobre la irrupción de las redes sociales. Veíamos que iba a ser algo grande y a ambos, jóvenes los dos, nos entusiasmaba mucho esa nueva era tecnológica en la que estábamos entrando. Durante una borrachera (por supuesto), la invité a que viniera un fin de semana a Dublín. Lo pasamos bien, decidimos hacer negocios juntos y nos enamoramos.

Lauren y yo reunimos 10 000 euros y fundamos Simply Zesty en una habitación que no utilizaba, así podíamos ahorrarnos unos gastos. Al menos mis experiencias como emprendedor me habían enseñado algo. Había grandes marcas como Vodafone, Pepsi y el Banco de Irlanda que querían tener presencia en las redes sociales, pero no sabían cómo, así que Lauren y yo éramos «consultores» y nos vendíamos como expertos en el tema. Nuestra pericia no era nada extraordinaria, pero este era un campo nuevo para todo el mundo y nosotros, con mucho entusiasmo y una dosis razonable de autoridad, estábamos abriéndonos camino.

El negocio empezó a ir de maravilla: al poco tiempo ya teníamos cuarenta empleados y me nominaron para el Premio Emprendedor del Año de Ernst & Young. Fue una época vertiginosa. Priorizábamos que hubiera diversión en la oficina: teníamos mesas de *ping-pong*, los empleados se reunían a tomar algo y se fomentaba que llevaran a sus perros al trabajo.

Me invitaron a Nueva York a un viaje de negocios y me agarré tal borrachera que perdí el vuelo de regreso con el resto del grupo (una vergüenza), así que me quedé varado en la Gran Manzana sin dinero, ni pasaporte, ni zapatos, ni amigos. Lauren no estaba contenta precisamente. De hecho, el crecimiento del negocio había sido inversamente proporcional al de la relación. Vivir y trabajar juntos era demasiado. Por miedo a que Lauren se marchara como lo había hecho mi madre, yo mantenía cierta distancia emocional con ella. Necesité ir un tiempo a terapia para poder resolverlo. Y por supuesto que los constantes desfases con la bebida y las apuestas ocasionales tampoco ayudaban. Por si fuera poco, ya había desarrollado una fuerte adicción al Xanax.

~~~~~

Si mi relato de lo que viví en ese tiempo suena a los años juerguistas de un muchacho cualquiera, quiero dejar algo muy claro: mis experiencias no tenían nada que ver con divertirse ni con estar un poco alicaído. Estaba pasando por un momento muy difícil emocionalmente. Había días en que me encontraba solo en casa y me tomaba tres botellas de vino con Xanax. A veces vomitaba por todo el veneno que me metía en el cuerpo, y después de haber vomitado seguía bebiendo o consumía cocaína para «espabilarme» y seguir bebiendo, bebiendo y bebiendo.

Si me ponía a ver algún deporte por televisión, me resultaba imposible no beber. Así que, tras el partido de fútbol en el que Sergio Agüero anotó su famoso gol contra los Queens Park Rangers en el minuto 93 y el Manchester City ganó el título de la Premier League, me emborraché a más no poder y me gasté 3 000 euros (casi todo lo que tenía en el banco) en una tarde en las apuestas. Después, cuando caí en la cuenta de todo lo que había perdido, seguí bebiendo para evadir el miedo y tratar de mantenerme de buen humor.

Daba igual que estuviera de fiesta o sintiéndome horrible, pasando el rato con mis amigos o tranquilo en casa, en un concierto o viendo algún partido de fútbol o de rugby, siempre había una excusa para beber. Y con la resaca resurgían indefectiblemente la depresión y la ansiedad. Podía pasarme varios días recluido en mi habitación y faltar a reuniones, estropear acuerdos o defraudar a amigos. Me había gastado el dinero que tenía en vicios de todo tipo, hasta llegar al punto de no tener con qué rellenar el depósito de gasolina del coche para ir a una reunión. Mi vida seguía siendo un rotundo desastre.

En 2012, UTV, una empresa pública, compró la nuestra por dos millones de euros. Era muchísimo dinero. Adquirí una casa en Dublín y un Mercedes Benz. Nunca he sido un gran aficionado de los coches, pero llegado el momento pensé que, si tenías el dinero, pues eso es lo que tenías que hacer. Una estupidez total, pero así era yo por aquel entonces.

~~~~~

Fue alrededor de esa época cuando di un paso que me cambiaría la vida para siempre. Nunca he querido tener hijos. Creo que me aterraba la idea de que fueran como yo y no deseaba infligirle ese dolor a nadie. Por dentro, y en vista de mi calamitoso historial con las mujeres y con las relaciones en general, también me preguntaba si sería capaz de mantener un matrimonio y tener la típica familia con más de dos hijos, lo cual parecía ser la norma en la sociedad. Tristemente, la experiencia me ha enseñado que alejo a las personas que quiero y que tratan de acercarse a mí. Levanto barreras por miedo a salir herido.

Quizá he sido así toda mi vida. Y está bien. Soy feliz estando solo. Pero también es verdad que siempre me he sentido capaz de dar amor a los animales sin sentir presiones similares a las humanas. Al fin y al cabo, el cariño con ellos es mucho menos complicado, ¿no?

Desde que tengo memoria, me he visto atraído hacia los perros. Quizá no me veas hablándole con ternura a un bebé (aunque no dudo de que los bebés son igual de adorables), pero sí me verás cruzar la calle para acariciar a un amiguito de cuatro patas. De hecho, durante años soñé con tener un perro. Me parecía que su presencia me daría felicidad y me ayudaría a afrontar cualquier problema. Y sentí que ese era el momento justo. Entonces, me fui a la ISPCA, la Sociedad Protectora de Animales de Irlanda, a elegir un perro para adoptarlo. Con tantos animales abandonados en el mundo, para mí siempre ha sido más importante poder darle un hogar a uno que quizá nadie quiera antes que comprar un cachorro.

Nada más entrar, me llamó la atención un *husky* muy bonito. Los *huskies*, con su pelaje claro y sus ojos azules, son animales magníficos que resultan asombrosos. Pero el empleado de la ISPCA (muy sabio, viéndolo en retrospectiva) me explicó que había un perro que quería mostrarme porque pensaba que sería perfecto como primer perro. Y me guio hasta los caniles donde se encontraba uno de nombre Snoop.

Aunque no tenía ni de cerca la prestancia del *husky*, Snoop era un labrador negro cruzado; tenía el pelo corto brillante y el pecho y hocico anchos. Me dijeron que tendría entre dos y tres años, pero probablemente eran algunos menos. De repente, Snoop me miró con sus grandes (y un poco tristes) ojos marrones y sentí que me decía: «Por favor, Niall, llévame contigo». No le hizo falta insistir mucho más: me agaché para saludarlo y se me acercó como un rayo a olfatearme. Yo estaba encantado. Snoop era un perro robusto con un porte como de prócer. Sostuve una de sus patas almohadilladas y se la sacudí un poco como dándole la mano mientras le decía con una sonrisa:

—Mucho gusto, Snoop.

Él pareció ponerse muy contento por mi presencia allí, yo noté que todo se daba con mucha naturalidad: mi alegría era inmensa. Sentí algo que cuando no había alcohol y drogas de por medio me era muy esquivo: sentí felicidad.

Con Snoop fue amor a primera vista. No necesité ver a otros perros y no, le dije al empleado de la ISPCA que muchas gracias, pero que no necesitaba un tiempo para pensarlo. Por dentro, sabía que ahí mismo, en ese refugio, estaba mi perro. Él ya era mi perro y yo enseguida fui su dueño; la conexión fue instantánea y a partir de entonces seríamos un binomio: Niall y Snoop, Snoop y Niall. No quise cambiarle el nombre; quería que fuera exactamente como el que tenía al encontrarlo.

Firmé todos los papeles, pagué con gusto la tarifa y salí del refugio exultante. Salí como dueño orgulloso de un perro que iba a mi lado moviendo la cola con total felicidad. De todo corazón, adoptar a Snoop fue la mejor decisión que había tomado en mi vida hasta entonces.

Desde el momento en que lo subí al coche Snoop y yo ya éramos todo un equipo. No podía esperar a llegar a casa y mostrarle todo lo que le había comprado: una cama, una pelota, cuencos para la comida… Y él no se despegaba de mi lado, no porque fuera demandante ni exigente. Su mayor felicidad era seguirme y no dejarme ni a sol ni a sombra. Y a nadie le molestaba porque se portaba muy bien, era muy bueno y muy humilde.

Iba a la oficina conmigo, se quedaba en las reuniones… hasta me lo llevaba a las citas. Snoop me motivaba a hacer ejercicio: podía llevarlo conmigo a pasear en bicicleta o a correr 10 kilómetros por los parques de la ciudad. Él era mi gran compañero peludito y me seguía a todas partes. Si él estaba conmigo, se sentía feliz. No quería nada ni a nadie más; caminaba a mi lado con la cabeza erguida. Sé que parezco egocéntrico, lo que ocurre es que así son algunos perros con sus amos. Son los únicos animales que conozco que quieren más a sus dueños humanos que a sí mismos.

Así que, mientras tuviera comida, agua, una cama calentita y mi compañía, Snoop era perfectamente feliz. Era el perro más sereno del mundo y se volvió un pilar fundamental para mí.

Durante un tiempo, mi vida repuntó. Gracias a Snoop, mi salud mental mejoró y, por otra parte, logré retomar el vínculo con Sean; el tiempo que estuvimos sin hablarnos me había hecho más daño de lo que quería admitir. Sean es como el hermano que nunca tuve, así que para mí fue estupendo poder recuperar a mi amigo. Los dos aceptamos que habíamos cometido errores y queríamos recomponer la amistad. Para celebrarlo, los invité a él y a otros colegas a pasar varios fines de semana en Berlín y Ámsterdam de fiesta. Nos reímos y divertimos muchísimo, como era esperable de un grupo de jóvenes que salen juntos. No puedo negar que lo pagué caro por esas borracheras. No era como tratar de pasar una resaca después de un fin de semana de excesos fuertes, mi consumo de drogas y alcohol se habían desmadrado. Y yo no podía con mi alma.

Mientras que otras personas podían recuperarse y volvían al trabajo y a su vida habitual, yo, por desgracia, no podía escapar de ese ciclo... Me «automedicaba» con más alcohol y drogas en privado, algo deplorable. No quería ver a nadie y, en mi soledad, tomaba MDMA (éxtasis). Los bajones anímicos y la ansiedad estaban minando mi salud mental.

Sabía que necesitaba ayuda, así que hice terapia y trabajé en algunos de mis problemas con el rechazo, que se hallaban en el epicentro de mis patrones adictivos. También empecé a tomar antidepresivos. Era consciente de que tenía que cambiar, encontrar alguna forma de autocontrol y romper esos patrones que me empujaban a la misma espiral de oscuridad. Llegué a estar casi un año limpio, sin consumir, y monté otra empresa de medios y mercadotecnia, Lovin' Dublin, un blog sobre restaurantes a los que había ido y otras actividades para hacer en la ciudad. No tenía pelos en la lengua a la hora de hacer las reseñas sobre los restaurantes de moda de la ciudad y al público parecía gustarle que no me anduviera con rodeos.

El sitio web ganó una popularidad tremenda y, durante los cuatro años que siguieron, abrí franquicias en otras cuatro ciudades, entre ellas, Manchester. Salía mucho en los medios y me invitaban a dar charlas sobre mi trabajo y mi vida. Si hubieran sabido de mi lucha interna… Me plantaba frente a toda esa gente fingiendo seguridad, dándome aires de grandeza, sin embargo, detrás de toda esa falsa confianza el síndrome del impostor me corroía por dentro. Me sentía un fraude todo el tiempo, como si no mereciera el golpe de éxito que había tenido.

A medida que crecía el negocio, también se incrementaban mi ansiedad y mis atracones alcohólicos. Era el mismo patrón, inevitablemente. Durante unos seis meses no bebía alcohol ni consumía drogas y entonces sentía que ya me había controlado. Me decía que ya se me había pasado y luego me tomaba una cerveza. Me convencía de que si no bebía más que cerveza o que si solamente bebía durante el fin de semana, no pasaría nada. Me inventaba todo tipo de «reglas» para beber. Muchas personas que tienen problemas con el alcohol hacen lo mismo. Tratamos de imponernos moderación, pero el alcohol es una sustancia tremendamente adictiva y para muchos es muy difícil impedir que esas reglas les dominen la mente, con la consecuencia probable, y quizá inevitable, de una recaída. Es muy agotador, te pasas el tiempo engañándote hasta que finalmente encuentras una razón para «romper» esas reglas autoimpuestas.

Durante algunas semanas, las «reglas» me funcionaban, sin embargo, volvía a las borracheras y a los terribles «apagones mentales» posteriores. Cuando pierdes el conocimiento, es porque tu cerebro está, literalmente, tan saturado que no puede procesar más información. Y cuando en algún momento recuperas la sobriedad y no recuerdas qué hiciste, ni qué dijiste, ni cómo llegaste a tu casa… la paranoia se amplifica. Es imposible pensar con claridad, se te ocurren todas las opciones catastróficas posibles, tu cerebro te muele a palos y no para de dar vueltas. Es horrible.

A pesar de las constantes borracheras y del caos que era mi cabeza, lograba funcionar más o menos bien en el trabajo y Lovin' Dublin despegaba. Sin embargo, en ese tipo de negocio es posible labrarte un nombre y aun así no ver muchas ganancias, y yo poco a poco me estaba acabando los ahorros de la venta de Simply Zesty.

Es cierto que me compré algunas cosas buenas, como la casa y el coche, aunque en mis noches de fiesta también derrochaba muchísimo invitando a todo el mundo y apostando. Apostar es una estupidez simple y llanamente, y hacerlo cuando se está borracho es solo para los más idiotas.

El saldo de mi cuenta bancaria estaba bajando de manera estrepitosa, aunque de puertas para afuera yo nadaba en dinero. Tenía que presentar una fachada de emprendedor exitoso que puede comprar cosas bonitas y pagarles la cuenta a los amigos o a los compañeros de trabajo; sin embargo, la realidad era que al cabo de unos pocos años me costaba juntar cinco euros para comprarme un sándwich para el almuerzo o un paquete de cigarrillos, o incluso para rellenar el depósito de combustible del coche.

En ese momento, ya había franquicias en Dubái y en Manchester, y decidí mudarme a esta última ciudad durante un año para apuntalar el negocio. Pensé que meterme de lleno en el proyecto y enfocarme en el trabajo me haría bien. Pero, Dios santo, qué mal lo pasé en ese tiempo. Aunque llevaba un año limpio de todo (*¡Bien por ti, Niall!*), luego caí en un pozo depresivo que me debilitó bastante, y eso me frustró muchísimo. Me parecía injusto. Había hecho todo lo que indica el manual para estar bien de salud: no bebía, comía sano, salía a correr por los parques y por las afueras de Manchester, y recorría kilómetros y kilómetros en bicicleta con Snoop intentando combatir mis oscuros estados de ánimo, pensando que las endorfinas del ejercicio harían lo suyo.

Sentía que Snoop y yo habíamos recorrido por lo menos 16 000 kilómetros durante ese tiempo en Manchester. Que el ejercicio podía mejorarme el ánimo no era ninguna novedad, aunque debo confesar que en esa práctica también había un elemento egoísta: creía que cansar al pobre Snoop durante el día lo dejaría más tranquilo para la noche en caso de que a mí me entrara la desesperación, lo que solía suceder.

Los días en los que no podía correr ni caminar (cuando no estaba lo bastante bien ni física ni mentalmente como para dar hasta tres pasos), Snoop, mi gran amigo, estaba contento de todos modos y me comprendía. Juntos mirábamos los árboles, yo trataba de respirar hondo y llenarme los pulmones buscando mitigar el efecto debilitante de la ansiedad.

Y luego había días en los que ni siquiera me podía levantar de la cama. No podía ver a nadie, no soportaba la idea de hacer la compra ni de cocinar. Cualquier mensaje que apareciera en mi teléfono, sobre todo si tenía que ver con el trabajo, me disparaba la ansiedad por las nubes. Me preguntaba si habría hecho algo malo o si había molestado a alguien. No podía ni sumergirme en la lectura para distraerme. Leer en la cama me resultaba sencillamente imposible. Solo quería meter la cabeza bajo las mantas y llorar. Hasta la cosa más insignificante con la que una persona normal puede lidiar con facilidad a diario para mí era un desafío enorme, y todo se me hacía cuesta arriba.

Por supuesto, siempre me obligaba a sacar a Snoop para que hiciera sus necesidades y verificaba que tuviera comida y agua, pero, incluso si eso era lo único que yo conseguía hacer en todo el día, él lo entendía. Snoop se quedaba conmigo con absoluta lealtad, sin hacer ruido, acurrucado a mi lado, dándome cariño y seguridad. Así era siempre: él sabía que había días en que yo lo necesitaba y, en ese departamento frío y solitario, tenía una paciencia infinita conmigo y mis estados de ánimo, mientras esperaba que en algún momento pasara todo.

Los perros son muy intuitivos. Del mismo modo en el que puedes entrenar a los más listos en la detección de bombas para la policía o el ejército, o se pueden entrenar a ciertos perros rescatistas para que detecten el cáncer con el olfato antes que nadie, yo siempre sentí que Snoop podía «leer» exactamente cómo me sentía y percibir mi terrible estado depresivo, y que se quedaba a mi lado para hacerme sentir mejor y tranquilizarme.

A veces sentía que no podía estar con nadie más que no fuera Snoop. Solo con que él se quedara ahí a mi lado ya era suficiente. Me olisqueaba, me miraba con ojos inquisidores y amorosos. Yo sabía que él me quería.

Pero a mi vida le faltaba algo. *¿Por qué no me puedo querer yo? Lo único que quiero es sentirme normal. ¿Por qué no puedo ser normal?* El clima de Manchester también me estaba afectando. ¡Y decían que el de Irlanda era feo! Una tarde horrible iba caminando por unos charcos congelados y, ¡paf!, metí el pie hasta el fondo y me embarré todo.

—Me cago en todo…

Ya sé que pisar un charco es una pequeñez, algo absurdo, pero fue la gota que colmó el vaso. Odiaba mi vida. Odiaba el clima de Manchester. Odiaba el negocio. Quería abandonarlo todo. Quería vivir con Snoop en un lugar donde hiciera calor. Quería que Snoop conociera el sol.

—Me voy a vivir a Tailandia.

¿Y sabes qué? Eso hice.

4

A TAILANDIA

Si bien escapar de la insoportable lluvia y vivir en un paraíso tropical siempre había sido uno de mis sueños, una idea lejana, no imaginé que el país que me acabaría llamando sería Tailandia. Como muchas otras decisiones que he tomado en mi vida, fue el instinto el que me trajo a este lugar, aunque tampoco es que cerrara los ojos y clavara una chincheta en un mapa al azar.

Ya conocía Tailandia, porque había ido a pasar unas vacaciones al sol a finales de 2015. Fue el antídoto perfecto contra el invierno. La Navidad nunca me ha gustado de modo especial, y ese viaje fue una gran excusa para perderme la época navideña de fiestas en una de mis temporadas sin beber. Me quedé durante un par de semanas y me enamoré del lugar. La arena tibia, la comida, la atmósfera relajada, la amabilidad y la sonrisa de la gente. Me sentí en paz. Regresé a casa sintiéndome sano de verdad por primera vez en mucho tiempo. Volví a Tailandia al año siguiente y me quedé durante un mes.

Me encanta el hecho de que aquí no haya reglas, no haya policías de tránsito, no haya radares de velocidad y no haya un estado paternalista. La gente hace lo que quiere. Hay muchos estereotipos sobre Tailandia y, si bien algunos siguen siendo una parte del estilo de vida, las ventajas de vivir aquí los superan ampliamente.

Hay mucho para hacer. Puedes practicar yoga y comer en restaurantes veganos estupendos, puedes ir a surfear o caminar por la selva, las dos cosas. Aquí tenía todo lo que necesitaba, ya fuera la vida vibrante de los clubes nocturnos o la vida relajada de playa. Me encantó el hecho de que aquí la gente no emitía juicios. No había presión por vivir en una casa grande ni tener un coche caro. La vida parecía más sencilla.

Empecé a pensar: *¿Y por qué no mudarme a Tailandia de forma permanente?* Me di cuenta de que no había nada que me atara. Era algo que tenía muchas ganas de hacer. Necesitaba un cambio. Ya no quería saber nada del Reino Unido y estaba agotado e infeliz. Al negocio le estaba yendo bien, estaba empezando a despegar, pero yo había perdido el interés. No tenía ganas de seguir allí.

Pero tampoco podía abandonarlo todo y salir corriendo. Lo primero que tenía que resolver era qué hacer con Lovin' Dublin. Llamé al inversionista principal del negocio, Emmet O'Neill.

—Me quiero ir —le expliqué—. Lo lamento, pero no puedo seguir.

Cuando se dio cuenta de que estaba hablando en serio y no iba a exigir una suma exorbitante de dinero, accedió sin problemas. Debe pasar un tiempo desde que se inicia una empresa de venta de publicidad en redes hasta que esta empieza a generar dinero. Así pues, Emmet no me tendría que pagar tanto para quedarse con una sociedad que tenía potencial para generar muy buenas ganancias.

Además, hacía poco, alguien había expresado su interés en comprar nuestra sociedad y lo habíamos rechazado porque nos parecía poco dinero. Emmet aceptó y en diez minutos teníamos el borrador del contrato. Fue algo que funcionó bastante bien para todos. Y significaba que yo era libre.

Después de haber cancelado algunas deudas que tenía, supe que no me alcanzaba para dejar de trabajar, pero con lo que me quedara podría vivir bien en Tailandia hasta descubrir qué quería hacer.

La primera persona a la que llamé para contarle la noticia fue Sarah, una de las redactoras del sitio web. Nos habíamos hecho buenos amigos trabajando juntos y quería contarle mis planes. A ella le sorprendió mi repentina decisión, pero también se alegró por mí. Entre nosotros siempre había existido cierta atracción. Ella era una mujer morena increíblemente inteligente, con un sentido del humor mordaz. Nos llevábamos muy bien de verdad. Yo era mayor que ella, tenía 39 años en ese entonces y ella, 25. Lo pasábamos bien juntos y, la misma semana en que me fui de Lovin' Dublin, empezamos a salir.

Para ser sincero, estaba perdidamente enamorado. Le conté a Sarah mi plan de irme a Tailandia y viajar.

—Voy contigo —me dijo.

Fue una relación bastante vertiginosa y los dos nos dejamos llevar.

Como había cosas que planificar, asuntos que zanjar en el trabajo, bodas de amigos a las que asistir... Snoop se quedaría al cuidado de amigos y familia. Era la primera vez que no iba a estar a menos de dos metros de él, y lo cierto es que eso me preocupaba un poco. Pero tenía buenos amigos acostumbrados a cuidar de perros, así que sabía que lo cuidarían bien.

En total, nos llevó unos cinco meses prepararnos para el viaje. Volamos a Tailandia y de allí viajamos a otras partes increíbles del Sudeste Asiático, como Vietnam y Camboya. Nos lo pasamos genial juntos mientras conocíamos esa parte del mundo; fue una época de verdadera libertad y tranquilidad.

Sin embargo, en diciembre de 2018 volvimos a Tailandia, donde siempre había planeado echar raíces, y allí empezaron los problemas. Yo había vuelto brevemente a Europa a buscar a Snoop. No veía el momento de que explorara y se adaptara a nuestro hogar definitivo en aquel país. Al volver, me quedé solo con él durante el primer mes, mientras Sarah se marchaba para encargarse de algunos asuntos después de nuestros viajes. Pero en cuanto ella regresó para vivir con nosotros, la relación empezó a desmoronarse. Una cosa era soñar con una vida juntos, pero otra muy distinta, según descubrí, era vivirla en otro país. El periodo de luna de miel había terminado y la realidad... no era tan dulce.

A Sarah no le gustaba el lugar que yo había elegido para mudarnos, una casa de alquiler de dos habitaciones con una pequeña piscina detrás, y no logró adaptarse. Me di cuenta de que, durante muchos meses, mi sueño había sido vivir en Tailandia con Snoop en la hermosa isla de Koh Samui, que me había fascinado. Pero ese era mi sueño, no el de ella. Y, para ser sincero, no la había hecho parte del mío. El enamoramiento cuando acababa de vender el negocio y quería recorrer el mundo, esa había sido la parte fácil, con tanta libertad y tranquilidad. Pero ahora yo quería que Tailandia fuera mi hogar definitivo… el mío y el de Snoop. Y no estaba seguro de cómo podría encajar Sarah en la ecuación.

Tuvimos unos cuantos vaivenes durante un tiempo, y juntos empezamos a desarrollar un negocio dedicado a dar recomendaciones y asesoramiento para viajar a distintas partes del mundo. Nos iba bastante bien, hasta que, en marzo de 2020, cuando irrumpió el COVID y puso al mundo patas arriba, Sarah y yo nos encontramos de repente juntos las 24 horas del día y los 7 días de la semana. No tenía ningún sentido escribir sobre viajes cuando a nadie se le permitía trasladarse. Por otra parte, Tailandia había cerrado sus fronteras y no había forma de que Sarah regresara a Dublín ni a ningún otro lado.

Como muchas otras parejas del mundo que entraron en pánico, hicimos acopio de cuanto alcohol nos fue posible y tratamos de soportarnos durante toda la pandemia, que estuvimos en cuarentena con Snoop. Ni que decir tiene que no fue precisamente una época armoniosa.

Teníamos muchas peleas y momentos tensos. Mi problema con el alcohol se había desbocado con tanto tiempo libre a lo largo del día, y recuerdo una vez en la que Sarah, enfurecida, tiró todo el vino a la basura y me gritó que tenía que parar y que el alcohol me estaba matando. Por supuesto que, en mi interior, yo sabía que ella tenía toda la razón y, sin embargo, cegado por la adicción, solo podía pensar, en mi egoísmo, que quería que se fuera de una vez por todas para poder beber tranquilo.

La realidad es que fue un alivio para ambos cuando se levantaron las restricciones a los viajes y Sarah, por fin, se pudo ir de Tailandia en diciembre de 2020.

~~~~~~

Después de que Sarah se marchara, me sentí muy infeliz. Pero gente con quien beber no me faltaba, así que me convencía de que salir a tomar algo «me levantaría el ánimo» y me haría bien. Un alcohólico siempre tiene una excusa a mano, sin importar la ocasión. Koh Samui está lleno de expatriados que huyen de su vida, y nunca falta gente que contribuye a la subsistencia de un bar. En este lugar, es fácil quedarse tomando el sol y ver la vida pasar. Nadie te cuestiona si estás tomando cerveza por la mañana porque hay gente de vacaciones todo el tiempo.

En ese momento, la depresión me estaba pegando duro. Lloraba sin tener claro el por qué. Empecé a comprar Valium, que es muy fácil de conseguir aquí: vas a la farmacia y te lo dan sin receta.

Echando la vista atrás, me encontraba en pleno colapso mental y me estaba autodestruyendo. Ni siquiera me podía preparar la cena. En otro tiempo, para mí era motivo de orgullo poder crear platos y sabores; ahora nada de eso me importaba una mierda. Como tampoco tenía el instinto de cuidarme, dejé de comer bien. Mi amado Snoop nunca dejó de tener su comida. Pero ¿yo? A mí no me importaba alimentarme. Lo único que habitaba mi mente era el alcohol.

Me despertaba con muchísima ansiedad, agarrándome el pecho y sintiendo como que se me iba a saltar el corazón. El Valium era la única forma que conocía de calmar la ansiedad y también lo único que lograba que conciliara el sueño. Me quedaba mirando el móvil durante un par de horas en mitad de la noche: resultados de los partidos de fútbol, noticias de mi país, redes sociales… cualquier cosa que me sacara de los pensamientos autodestructivos y del absoluto desorden que era mi mente.

Empecé a beber de madrugada. Si me levantaba, pensaba que unas copas de vino tinto me ayudarían a dormir. El vino blanco había que enfriarlo y, para mí, era demasiado esfuerzo, así que, para evitarme la molestia, el tinto había pasado a ser mi única opción.

Toda regla que me hubiera impuesto antes con respecto a la bebida había quedado en el olvido. Ya sin Sarah, no me importaba si había botellas tiradas al lado de la cama o en la sala. Y, como no podía ser de otra forma, mi compañero en todo momento era Snoop, que no podía ni quería abandonarme. Estaba siempre ahí, mirándome con atención y quizá un poco preocupado, pero sin juzgarme; inclinaba la cabeza como pensativo y se quedaba a mi lado con toda su lealtad.

Es un perro tranquilo y reservado, todo un caballero; eso dice la gente sobre Snoop. No es muy juguetón que digamos, ni siquiera creo que a otras personas les parezca muy tierno, pero me ha acompañado incondicionalmente en las malas, tumbado a mis pies cuando yo solo podía sentir tristeza. Snoop interpreta mis estados de ánimo como nadie. Tenemos una conexión tan especial que hasta veo cómo le rechinan los dientes cuando estoy deprimido. Creo que debería empezar a tomarlo como una señal de que se acerca una mala temporada y que necesito estar preparado.

Snoop y yo somos uña y carne, y en ese punto de mi vida sentía que él era lo único que tenía. Sin mi adorado Snoop, quizá habría estado peor. Nunca me juzgó. Nunca me dejó solo. Pasaban los días, muchos de ellos terribles, y él seguía tumbado ahí con toda su paciencia. Parecía que las relaciones de pareja con mujeres se me daban fatal, pero con él… Snoop era el único que me había aguantado.

Para conseguir alcohol, no me importaba tener que volver a la misma tienda a comprarle a la misma persona una botella, y después otra y otra más. Si les parecía mal, a mí me daba igual. Ya ni vergüenza sentía. Si mientras estaba ebrio tenía la previsión de ir a la tienda 7-Eleven y comprar más alcohol para cuando me despertara, para mí era una jugada brillante y me felicitaba. En un periodo de 24 horas, podía tomarme diez latas de cerveza, cuatro botellas de vino, una de *whisky* tailandés, cinco Valiums y fumarme cuarenta y tantos cigarrillos Camel Light.

Solitario y desesperado, me exponía borracho en Twitter: compartía fotos de mi apartamento (tapizado de botellas vacías de *whisky* y de vino, latas de cerveza y ceniceros a rebosar, paquetes de patatas fritas y envoltorios de chocolatinas) con pies de foto dramáticos, como «Así es una adicción». Era una clara llamada de auxilio de un hombre abatido, solo y deprimido. Aun así, me negaba a responder a cualquier llamada de las personas que habían visto las publicaciones y querían ayudarme.

Mis padres y mis amigos estaban horrorizados y querían hacer algo por mí, pero me negaba a hablar con ellos. Sabía que no podrían tomar un vuelo a Tailandia con todas las restricciones del COVID vigentes. Sarah me llamaba por teléfono todo el tiempo, preocupada por mi futuro inmediato, ofreciéndose a regresar para ayudarme. Incluso había terapeutas y otros profesionales (gente a quien jamás había visto en mi vida) que me mandaban mensajes después de ver mis publicaciones maníaco-depresivas y me rogaban que buscara ayuda. Cuando recuperaba la lucidez, mis exabruptos en Twitter me avergonzaban muchísimo y trataba de bajarle el tono al asunto, pero mi estado era verdaderamente penoso.

5

TOCAR FONDO...
Y RECUPERARSE

Quizá hayas oído la frase «tocar fondo» en el contexto de las adicciones. Se llama así al momento del «recorrido» de un adicto, por decirlo de alguna manera, que representa su punto más bajo.

De hecho, algunas instituciones de rehabilitación dicen que no has tocado fondo hasta que, en un sentido bastante literal, estás muriéndote. El momento en el que tu cuerpo ha perdido la voluntad de vivir y hasta tus órganos más obedientes (como consecuencia de meses, años o décadas de abuso) no son capaces de mantenerte con vida. No pueden resistir más. Y la parca está llamando a tu puerta. En ese estado me encontraba cuando toqué fondo, en vísperas del Año Nuevo de 2020.

Cada episodio de descontrol alcohólico y atracones de Valium se fusionaba con el siguiente. Estaba harto del ruido incesante en mi cabeza. Era un fracasado por haber roto mi relación con Sarah, por dejar que la bebida y mi deseo constante de evadirme destruyeran la relación. Prioricé egoístamente el alcohol y las drogas y mis propias necesidades por encima de las suyas. Por encima de todo.

La forma estúpida en la que me había humillado en Twitter, pregonando a todo el mundo lo calamitosa que era mi vida, que por supuesto que lo era, me estaba torturando mentalmente por haber permitido que el mundo entero se enterase de todas las veces que la había cagado. Me pasaba la mitad del tiempo llorando. Me sentaba en un bar, solo, y sollozaba. La gente me animaba a salir. «¡Ven con nosotros!», «¡Diviértete un poco!», «¡Vamos, es Navidad!». Pero yo no estaba en condiciones de socializar. Mi cabeza estaba muy mal. Lo único que quería hacer era beber en casa, perder el conocimiento y volver a beber.

Mis seres queridos estaban preocupados y yo lo sabía. Me insistían en que volviera, que fuera a visitar a la familia a Irlanda del Norte o a los amigos en Dublín. Pero, como seguíamos en tiempos del COVID, viajar era todo un problema. Con lo perturbada que tenía la mente en esos momentos, jamás habría logrado organizar todo el asunto de los pasaportes y las visas.

Al final acepté pasar un tiempo con algunos colegas aquí en Tailandia. Morritz, un amigo expatriado, iba a dar una cena de Nochebuena (muchos de mis amigos eran europeos y continuaban las tradiciones de allí), una reunión tranquila y civilizada en su casa de campo. Los invitados, en su mayoría, eran amigos que yo había hecho jugando al fútbol y sus respectivas parejas.

Fui en coche ya sintiéndome un poco débil, mal y ansioso por la idea de estar con gente. Para calmarme, me había tomado un par de cervezas en mi apartamento antes de salir. Luego agarré una botella de Coca-Cola, le saqué casi todo el contenido y la rellené con una botella de *whisky* tailandés porque sabía que la gente se pasaría buena parte de la tarde disfrutando de la ocasión, y el alcohol no llegaría hasta la noche. No iba a poder soportar ese rato sin una ayuda extra. Así que, mientras mis amigos conversaban alegremente, yo le daba sorbos a mi «bebida especial». Con ella sobrellevé la primera hora más o menos. Luego, por suerte, empezaron a aparecer los *gintonics* y, por supuesto, me tomé unos cuantos antes de comer.

Lógicamente, con todo el *whisky* secreto, me emborraché mucho y muy rápido. *Oh, no.* Era consciente de que estar tocado cuando ni siquiera habían servido los entrantes no pintaba nada bien. Una pareja se me quedó mirando extrañada y cruzaron miradas entre sí. Mi paranoia empeoró. Dios, estaba tan borracho… Y lo sabía muy bien. Pero no podía mantener la calma rodeado de toda esa gente normal, feliz y exitosa en una reunión civilizada.

Intentaba conversar con ellos. Luego empezaba a llorar, como me pasaba a menudo. Me tambaleaba, no se me entendía al hablar y tiraba cosas al suelo sin querer. Estaba como una cuba. Era verdaderamente lamentable. En un momento, me levanté para ir al baño, me caí y me golpeé la cara. No me hice daño, por suerte, pero aterricé en el suelo como un saco de patatas. La gente se dio cuenta de que la situación no tenía gracia. Nadie se reía. Se acercaron a ayudarme con claros gestos de preocupación.

Recuerdo haber oído: «Dios santo, hay que llevarte a tu casa». Morritz me acompañó a tomar un taxi. Es tan buen tío que nunca se le hubiera ocurrido que yo me iba a pasar todo el día bebiendo hasta terminar hecho una piltrafa. Estoy seguro de que, en su inocencia, jamás habría imaginado mi nivel de depravación.

Incluso en ese estado deplorable, me las arreglé para que el taxi se detuviera en la tienda 7-Eleven para comprar más alcohol, porque sabía que, si no caía inconsciente esa noche, iba a necesitarlo desesperadamente a las pocas horas cuando despertara.

No recuerdo bien qué pasó después. Supongo que me fui a dormir, quizá me desperté y tomé más vino. Seguro que me sentí ansioso y me tomé unos Valiums. Me creía un genio por haber ido a comprar alcohol antes. *Eres lo máximo, Niall.* ¿Mi compañía? Una enorme copa de vino, *whisky*, botellas de cerveza y ceniceros a rebosar. *Qué gran jugada.* Siempre tomaba el suficiente Valium como para dejar de creer que me moriría.

Mi objetivo era olvidarme a mí mismo en la bebida; era mi única escapatoria. Sinceramente, no creo que mi intención fuera quitarme la vida ni nada por el estilo, aunque sí daba la sensación de que quería beber hasta morir. Estaba convencido de que, si bebía lo suficiente, no volvería a despertarme, y me parecía bien. Estaría mejor en la otra vida.

Seguí por el camino del descontrol durante cinco o seis días hasta que, una noche, convencido de que me iba a morir, aunque aterrado por la idea de morirme solo, llamé a Morritz y le rogué que me llevara a un hospital privado. Incluso en ese estado, sabía que no tenía sentido ir a quitarle espacio a otro en el hospital general. Tenía dinero en la cuenta y habría pagado lo que fuera con tal de que me ingresaran y me ayudaran con alguna medicación.

Al principio, el personal dudaba sobre si aceptar mi ingreso o no. Me miraban con sospecha y murmuraban entre ellos. Alguien sugirió esperar hasta la semana siguiente, cuando abriera la unidad de dependencia del alcohol. Creo que mi bronceado tailandés me hacía parecer más sano de lo que estaba, aunque, contemplando mi falta de aseo y viéndome tembloroso y sollozando, era evidente que estaba en una situación deplorable.

—¡Este hombre necesita ayuda urgente! —insistió Morritz. Agradecí la firmeza de su autoridad germana en ese momento.

Y así fue como liberaron una cama en la UCI, me conectaron a todo tipo de monitores; luego vino una enfermera con la aguja más grande que había visto en mi vida y me inyectó un sedante muy potente en la pierna. También me dieron un cóctel de pastillas para tratar la abstinencia del alcohol. Morritz se ofreció a quedarse conmigo, a lo que yo me negué rotundamente. Era la víspera de Año Nuevo y él debería estar divirtiéndose; no quería arrastrarlo a ese lugar. Me prometió que Snoop iba a estar en buenas manos en mi ausencia. Una vez solo, no me quedó otra que pasar por el inevitable suplicio que se avecinaba.

Y la verdad es que no le habría deseado esas siguientes 48 horas ni a mi peor enemigo. Aunque me tenían sedado, no podía dormir, y cuando sí lograba conciliar el sueño tenía unas alucinaciones tremendas sobre que mi amado Snoop comía chocolate y se intoxicaba. Aunque sabía que mis amigos querían mucho a los perros e iban a cuidarlo bien, las imágenes que me venían eran muy vívidas.

Estaba totalmente paranoico. Cada vez que oía un ruido, creía que era la policía que venía a arrestarme por comprar Valium. Aunque en Tailandia te lo venden sin receta, yo no estaba seguro de si era una práctica del todo legal. Cualquier cosa sobre la que pudiera elucubrar y que pudiera magnificar hasta volverla una causa de ansiedad se apoderaba de mi mente.

Mientras de fondo sonaban los fuegos artificiales y se escuchaba a la gente yendo a fiestas, celebrando, riéndose y recibiendo con alegría el Año Nuevo, yo estaba metido en una bata finita de hospital, temblando, conectado a monitores y con vías intravenosas. Yo cerraba los ojos en un intento por aislarme del mundo exterior, de la vida que llegaba a ver desde la cama. Y me preguntaba si sobreviviría.

No había estado en condiciones de pensar en llevarme conmigo un cargador de móvil antes de ir al hospital (ni siquiera tenía una muda de calzoncillos) y, sin la posibilidad de dormir para evadirme, solo podía escuchar el *pip, pip, pip* del monitor cardíaco y las manecillas del reloj, *tic, toc, tic, toc*. Solo quería que el tiempo pasara para que me volvieran a inyectar un sedante. Seguía conectado a las vías y me instaban a beber agua. Apenas podía tomar un sorbito, aunque lo intentaba. Mordisqueé un poco de melón, tomé una cucharadita de yogur, pero comer me resultaba casi imposible. Hasta ir al baño lo sentía como correr una maratón; las pobres enfermeras tenían que venir a quitarme las vías y luego tardaba media hora en prepararme para intentar ir al baño.

Al ver que estaba demasiado débil para bañarme solo, las enfermeras me ayudaban a lavarme y yo me sentía profundamente avergonzado; de pie ahí, desnudo, era la viva imagen del patetismo, y me imagino que para ellas no debía de ser nada agradable tener que bañar a un alcohólico tembloroso y maloliente. Cerré los ojos y me quise morir de la vergüenza.

Finalmente, tras 48 horas en la UCI, decidieron que podían pasarme a planta. Estar en cama durante tantas horas me dio tiempo para pensar en mi vida. Excluyendo a mi familia, mis seres queridos y Snoop, no me importaba nadie más. Ser cocinero, fundar negocios y venderlos, salir en los medios, ganar premios… todo eso eran cosas que me habían parecido importantes y a las que me había dedicado durante mucho tiempo. Pero, a la hora de la verdad, nada de ello me importaba un comino.

Me di cuenta de que no estaba preparado para morir. Quería vivir. Tenía que darle un sentido a mi tiempo. Merecida o no, me estaban dando una segunda oportunidad y juré que iba a hacer las cosas de otra manera...

Cuando salí del hospital, decidí tomarme un año sabático. Necesitaba dedicarme a mí y a mi rehabilitación en todo el sentido de la palabra. La recuperación, sin embargo, fue muy lenta. Después de un cuarto de siglo de trabajar todo el día y beber sin descanso, tenía el cerebro frito.

Sabía con total certeza que mi historia con el alcohol había quedado atrás. Esa relación larga y tortuosa había llegado a su fin y no había tentación que me pudiera llevar de vuelta a ese vicio. Salía a dar largos paseos con Snoop, lo dejaba oler las flores y seguirme mientras yo caminaba por la selva. Me gustaba ver las puestas de sol y pisar descalzo la arena. Leía libros y me metía en Internet a buscar respuestas sobre la vida que vinieran de personas más sabias que yo. Una de las cosas que me impactó fue el famoso discurso del gran Steve Jobs en 2005 en la Universidad de Stanford, cuando dijo: «El recordar que moriré pronto es la herramienta más poderosa que he encontrado para tomar las grandes decisiones de mi vida». Me pareció tan cierto... Habiendo estado al borde de la muerte, sabía que a cualquier cosa que hiciera a partir de ese momento tenía que ponerle toda mi alma y corazón. Había desperdiciado muchos años.

Me hice a la idea de que algún día volvería a estar en una cama de hospital exhalando mi último aliento, y me sentía en paz con eso. Es ley de vida. Lo único importante era darle un sentido al tiempo que me quedara. No obstante, no di con el nuevo sentido de mi vida de un día para otro. Dar con una misión y encontrar mi vocación me llevó un año entero de recuperación (desde que había estado en la cama el hospital viendo cómo los minutos que me separaban del próximo sedante pasaban con una lentitud exasperante). Estaba débil y necesitaba fortalecerme tanto física como mentalmente despacio. Animo a cualquier persona que lucha por recuperarse de una adicción a hacer las cosas paso a paso al principio. Si te has pasado décadas castigando a tu cuerpo y tu mente, no puedes esperar hacer borrón y cuenta nueva en una semana.

Sé que soy muy privilegiado porque tenía el suficiente dinero en el banco como para mantenerme, por no hablar de que la vida en Tailandia es relativamente barata. No tengo pareja ni hijos: solo somos Snoop y yo. Entiendo que una madre o un padre solteros que tienen que salir a trabajar y están luchando contra una adicción no pueden darse ese lujo.

Yo podía hacer la compra y cocinar. Me comprometí a hacer una vida sana, salir a correr, ir en bicicleta, nadar en el mar, darme masajes y tratar a mi cuerpo con respeto y amor en lugar de abusar de él y convertirlo en objeto de vergüenza. Algunos buenos amigos, con las mejores intenciones, me invitaban a sus noches de juegos de mesa u otras actividades en las que no existía ninguna presión para beber. Pero, sinceramente, me pareció más fácil dejar de socializar durante un tiempo. Gracias a Dios, nunca, ni una sola vez, volví a caer en mis antiguos hábitos. Y sé que no lo volveré a hacer jamás. El susto de la UCI había sido demasiado grande.

A diferencia de otras ocasiones a lo largo de mi vida en las que estuve limpio varios meses (y hasta un año entero), esta vez tenía la certeza de que la bebida ya no tenía espacio en mi vida. Durante mucho tiempo tuve que evitar ciertos detonantes, como ver partidos de fútbol, porque solía asociarlo con tomarme una cerveza. También tuve que eliminar de mi vida actividades como socializar con ciertos grupos de amigos, sentarme en un bar... hasta que sentí que tenía la determinación necesaria como para afrontarlas sin miedo a recaer.

Algo que me tranquilizaba mucho en esos meses era dar largas caminatas por la selva. Respirar el aire fresco o ver los árboles meciéndose en la brisa… me ayudaba a calmar la ansiedad y despejar la mente. Me sentía vivo de nuevo y me inundaba la gratitud de seguir vivo. Puede sonar estúpido o muy *hippie*, pero es verdad. Koh Samui es un lugar muy especial, una isla tropical llena de belleza y maravillas naturales. Y yo tenía la suerte de vivir allí.

Pienso en las tonterías en las que solía gastar dinero y así es como me siento: tonto. Ahora, en mi guardarropa solo tengo diez pantalones cortos y diez camisetas, todos comprados en tiendas locales, y nada más que tres pares de chancletas y calzoncillos. Para la temporada de lluvias de noviembre y diciembre, solo tengo dos sudaderas y no mucho más. Y me encanta. Es todo lo que necesito y todo lo que quiero. Ver a Snoop jugar en el mar y correr por la playa conmigo me confirmó que venir aquí para vivir una vida sencilla con él había sido la decisión correcta. Por fin me sentía libre.

6

LUCKY... EL ALMA SOLITARIA QUE ENCENDIÓ LA CHISPA

Ya alejado del alcohol y las drogas, y con Snoop como compañero, empecé a interesarme más por los perros, sobre todo por los callejeros. En Tailandia se cuentan por millones; solamente en la isla de Koh Samui hay decenas de miles y, a menos que conozcas el lugar o lo hayas visto en algún vídeo, te costaría imaginártelos deambulando por todos lados y en semejante cantidad. Hay perros en casi todas las esquinas, husmeando fuera de las tiendas y cerca de cualquier lugar donde vivan humanos. Por lo general, frecuentan siempre una misma zona, en un radio de unos 100 metros, así que es fácil identificarlos si dejas de ignorarlos activamente.

Siempre que veía a un perro muy bonito, apuraba un poco el paso. En casa tenía a mi adorable y leal compañero Snoop y no podría estar sin él, pero cuando veía a los perros callejeros, sentía una energía especial, se me iluminaba la cara. Cruzaba la calle o aparcaba la moto solo para ir a saludarlos. Darle unas palmaditas o hacerle unas caricias en la barriga a un perro que te mueva la cola… es la mejor terapia del mundo. Mi teléfono estaba siempre lleno de fotos y la mitad eran de cachorros.

Ni siquiera sabía cuántos de esos perros lograban sobrevivir. Era realmente desgarrador ver el estado de algunos. Estaban llenos de pulgas y parásitos, infestados de garrapatas, y muchas veces andaban cojeando, heridos. Casi siempre era porque los había atropellado un coche, o se habían disputado la poca comida que había o incluso porque los había picado una víbora.

Aun así, a pesar de esa difícil realidad, su espíritu y sus ganas de vivir eran inquebrantables. Un perro se me podía acercar con mucha dificultad, hecho polvo, y me seguía mirando con sus ojos grandes, llenos de curiosidad, y con ello me demostraba amor y confianza. Y hasta se las arreglaba para mover un poco la cola.

La mayoría de los perros callejeros de aquí se agrupan en pequeñas manadas para hacerse compañía y protegerse de otros y, posiblemente, de humanos con malas intenciones. No tienen dueño: a algunos tal vez los abandonaron porque se enfermaron y los costes veterinarios eran impagables; otros quizá nacieron y se criaron en la calle y nunca han tenido a nadie que los quiera.

La vida de los perros de la selva es todavía más dura. A algunos los expulsan de su manada y se afincan junto a las chozas de los trabajadores migrantes, donde quizá les caiga algún resto de comida y tengan algún riachuelo de agua cerca para beber. No es que los lugareños sean crueles, sino que si la mayoría no tienen el suficiente dinero para su propia comida, mucho menos para la de una mascota. Está aceptado que los perros estén por ahí y hagan su vida.

Al principio, no tenía un gran plan en mente, sin embargo, al ver a todos esos animales que en su mayoría estaban débiles y famélicos, empecé a comprar pienso para darles de comer. Una bolsa grande de comida para ellos cuesta 500 bats en una tienda (unos 15 euros). Yo les dejaba la comida en el suelo (en un montoncito, en una cáscara de coco o en una hoja de palmera si es que había) y ellos se acercaban y se lo comían con mucha alegría. Parecían no creerse su propia suerte: ¡alguien les estaba regalando comida en lugar de tener que andar hurgando ellos en la basura para conseguirla!

Después de hacer lo mismo un par de días, noté que los perros me esperaban al oír la moto. «Hola, amiguitos», les decía con una sonrisa y ellos me saltaban, claramente felices de verme. Me recibían con todo el afecto y ninguna condición. Me di cuenta de lo terrible que sería para ellos que yo interrumpiera la rutina, que no fuera al día siguiente y se quedaran esperándome. Me imaginaba sus caritas de desilusión y sus patitas rascando el barro. No quería decepcionarlos.

Seguí comprándoles comida y, pasada una semana, supe que mi compromiso de ayudar a los perros callejeros era absoluto. Y no solo eso: también me llenaba de felicidad sentirme útil y querido. Por patético que pueda sonar, para alguien que durante años se había sentido un verdadero desperdicio, aquello era un motivo de satisfacción enorme.

Al principio, les dedicaba una hora al día y me divertía muchísimo; era algo tan simple y a la vez tan gratificante… Por primera vez en mucho tiempo, me sentía muy bien: disfrutaba de la compañía sin complicaciones de aquellos animalitos y me iba a casa muy contento. Noté que al menos la mitad de los perros anhelaban que les diera un poco de afecto y me sentara a jugar con ellos tanto como ansiaban la comida que les llevaba. Algunos eran un poco tímidos, pero era cuestión de tiempo hasta que se rompía el hielo.

Gracias a mi vínculo con Snoop y a que me encantan los perros, siempre me he mostrado muy sereno con ellos, y ellos conmigo. Si estás nervioso y tenso frente a un perro, el animal lo percibe e igualmente se pone tenso y ladra, lo que, comprensiblemente, hace que haya gente que no les tenga cariño. Siendo sinceros, la historia no es muy distinta con los humanos. El noventa y nueve por ciento son geniales, pero siempre hay una oveja negra…

El pienso no era caro, aunque calculé que me convendría mucho más comprárselo a un mayorista. Así, habría muchas más barrigas peluditas que se irían llenas a dormir. Entonces, empecé a sumar perros a mis rondas; no tenía ningún sentido andar cargando el alimento sobrante de vuelta a casa y tampoco era un esfuerzo extra encontrar perros hambrientos que agradecieran la comida y la atención. En aquel momento lo más difícil no fue solo saber que había otros perros con hambre y que se sentían solos, sino tener que resistir todos los días la tentación de llevarme a los más frágiles a casa.

Hubo una perra en particular, muy elegante y ágil, de pelo color crema y orejas puntiagudas, que se ganó mi corazón. Yo había empezado a jugar al fútbol una vez por semana con algunos amigos de aquí. Hacer ejercicio con ellos me ayudaba a mantenerme bien física y mentalmente, a generar una buena cantidad de endorfinas y despejarme.

Un día en que volvía a casa en moto, agotado después de uno de nuestros partiditos, la vi. Se encontraba a un lado del camino y se la veía un poco débil, como si sus patas fueran demasiado largas para el tamaño del resto del cuerpo, aunque no era una cachorrita. Su piel estaba bastante mal: tenía heridas abiertas, cicatrices viejas y partes sin pelo. Sin duda, esa perra había tenido un encontronazo con algo de mayor tamaño. Sin embargo, cuando aparqué la moto para verla más de cerca, me pareció que se puso feliz porque la hubiera ido a saludar. La cola se movía sin parar, la boca no mostraba ninguna señal de tensión y los ojos me estudiaban con curiosidad.

Si bien todos los otros perros con los que me había cruzado necesitaban comer y ella sin duda tenía hambre y un peso muy bajo, era evidente que necesitaba algo más que comida para ponerse bien. Tenía una mirada tan inquisidora que me resultaba casi perturbadora para un perro, como si pudiera verte el alma. Intrigado por aquella perrita, volví a visitarla durante un par de días. Había en ella una suerte de «otredad» que la distinguía del resto de la manada.

Cada vez que se presentaba frente a mí se tragaba la comida con un hambre voraz, pero me miraba de una manera, con ojos suplicantes, que me daba la sensación de que prefería mucho más que le dieran afecto a que le dieran de comer. Buscaba a toda costa mi atención y que la acariciara antes de lanzarse sobre el pienso. Otra cosa que observé con mucha tristeza fue que los demás perros parecían ignorarla o se metían directamente con ella: la gruñían y la ladraban, y la pobre era solitaria por naturaleza. Yo la entendía perfectamente, aunque me resultaba raro ver esa forma de ser en un perro.

Sin embargo, vivir en la selva sin una manada que le diera protección o compañía parecía ser su elección. Por lo demás, cuando venía a buscarme, me demostraba que amaba a los humanos y tenía un carácter muy afable y sensible. Me hubiera encantado conocer más de su pasado o poder «leerlo» en esos sagaces ojos negros. Como me preocupaba su delgadez extrema, lo único que se me ocurrió al principio fue intentar que subiera un poco de peso, que se le notaran menos todos los huesos. Sin embargo, hacerla engordar no fue fácil, porque no venía en mi busca todos los días.

Además de ser un alma solitaria, era un tanto huidiza. Con el tiempo me descubrí a mí mismo buscándola por los caminos de la selva de Koh Samui, entre los arbustos y la hierba, tratando de ver ese pelaje claro y el porte firme y seguro que le eran característicos. Después de cuatro días sin encontrarla, me preocupé. ¿Le habría pasado algo? ¿Acaso no volvería a verla más? Me sentía tonto por haberme encariñado así con una perra callejera. La había buscado en todas las zonas que frecuentaba y ya estaba desmoralizado, y mientras preparaba mis cosas para volver a casa con Snoop, la vi aparecer dando brinquitos desde detrás de una choza, como una ilusión dorada, un ángel.

¡Ahí estaba mi amiguita preferida! Creo que mi corazón me dio un vuelco cuando la vi. Sé que no debía tener perros favoritos, sin embargo, ella enseguida se ganó ese lugar en mi corazón. Aunque suene bobo, me sentí conmovido porque parecía tan contenta de verme a mí como yo a ella. La examiné un poco mientras le daba la última bolsa de pienso que había guardado por si regresaba.

Noté que se había hecho daño, haciendo quién sabe qué. No obstante, aunque estaba hambrienta y dolorida, quiso jugar como si no le pasara nada. Le lancé un trocito de comida al aire y ella, siempre astuta, dio un salto y lo atrapó. Se tumbó panza arriba con la lengua afuera, en clara señal de que necesitaba un mimo. Me reí y le hice mucha fiesta. Me costó muchísimo tener que despedirme de ella al final del día.

—Volveré mañana —le prometí—. Vas a venir a verme, ¿verdad, preciosa?

Esperaba que volviera. Yo cumplí mi palabra y fui a diario. A lo largo de los siguientes diez días, vino al menos cinco veces. Como quería que subiera de peso, y yo no tenía la certeza de cuándo volvería a aparecer, siempre le daba raciones más generosas de comida, y me alegraba mucho ver que ya no estaba en los huesos.

Hay tantos perros aquí en Koh Samui que es muy difícil nombrarlos a todos. Yo había publicado unas fotos y vídeos en mis cuentas de Twitter e Instagram, y un usuario de Twitter llamado Ivor me sugirió llamarla Lucky[2]… El nombre le iba como anillo al dedo. La suerte nos había reunido.

Intentaba desesperadamente ayudarla más; sabía que darle de comer era una medida a corto plazo, no obstante, yo no era ningún experto en cuidar animales y realmente no sabía cuál era la mejor manera de hacerlo. En mi mente, que es siempre un hervidero, surgían un montón de ideas. Sabía que no podía llevarme a casa a todos los perros desahuciados que veía; había otros veinte como Lucky, en el mismo estado de abandono. Aunque mi vínculo con ella era especial, tenía que ser estricto y buscar una solución más amplia y práctica para poder ayudar a más perros.

No podía sacarla de la calle y llevármela a casa. A pesar de estar seguro de que a Snoop no le importaría (es un tío de lo más relajado), Lucky nunca iba a estar a gusto en una casa con humanos; eso me quedó claro desde el comienzo. Ella solo había conocido una vida independiente en la que hacía las cosas a su manera. Así han vivido aquí los perros callejeros durante décadas; no son como los animales domésticos que solemos imaginar. Son más fuertes, porque han tenido que defenderse solos durante mucho tiempo sin depender de los humanos, y están acostumbrados a su libertad, a su

---

2. *N. de la T.:* En inglés, «afortunada».

territorio. Meterlos en una casa y esperar que sean felices con un paseo al día como cualquier mascota tradicional probablemente alteraría a muchos de ellos. Iría contra su instinto natural.

Quizá no tenga sentido para ti ni para mí, pero la calle y la selva son como su hogar, y probablemente los elegirían por encima de una cama cómoda dentro de una casa, porque es lo que conocen. Tienen sus propias rutinas, fuentes de alimento y agua, y suelen vivir más felices en su ambiente natural.

Así que si bien no podía llevarme a Lucky a casa y esperar que se quedara viviendo conmigo tranquilamente, sí quería hacer lo posible para encontrarle un buen hogar o algo parecido a eso en la selva. Un lugar donde estuviera protegida del mal tiempo y otros peligros. Decidí que por lo menos podía vacunarla contra las enfermedades más comunes y prevenibles, así como curarle todas esas pequeñas lesiones en la piel. Podía hacerla castrar, al menos, para que no tuviera que lidiar con cachorritos, y le compraría un collar con nombre: una señal para ella, y todos los demás, de que esa perra le importaba a alguien.

Conseguir todo eso podía ser difícil. No tenía idea de cómo se lo tomaría ella, pero valía la pena y sabía que, a la larga, estaría más protegida.

No soy de creer en lo esotérico ni de hablar del destino ni todo eso, al menos no en general, pero realmente sentía que encontrarnos había sido un golpe de suerte y que para ella sería el comienzo de un nuevo capítulo en la vida. Me arrodillé a su lado y le ofrecí la mano. Inteligente como era, Lucky enseguida me dio la pata e inclinó la cabeza, aguzando los sentidos. Lo sentí como un trato, como si me estuviera diciendo: «Es un placer haberte conocido, Niall. Sigamos adelante juntos». Tal vez ella no sería la única que estaba comenzando un nuevo capítulo de su vida.

En teoría, tenía un buen plan. Pero me llevó buena parte de la semana encontrar a Lucky y ponerlo en marcha. Fui a una tienda de mascotas y le compré un collar anaranjado y amarillo muy brillante, con la idea de que me fuera más fácil distinguirla, y una campanilla para escucharla cuando se estuviera acercando.

Primero, con mucha paciencia, le enseñé a caminar con la correa, yendo y viniendo por un mismo tramo de la selva. Se notaba que era muy nuevo para ella, pero la veía con todas las ganas de intentarlo y me miraba como buscando mi aprobación.

—¡Muy bien, Lucky! —le animaba yo. Y no se quejó cuando le puse el collar en el cuello.

Sabía que no era seguro transportarla en la moto, así que le pedí a un amigo que me prestara su coche y Lucky dejó que la subiera al asiento trasero. Al principio, la veía nerviosa, un poco temblorosa, sin embargo, creo que percibía que mi intención era ayudarla y confiaba en que no era un enemigo. En la isla de Koh Samui no había rabia, eso lo sabía, así que ese tema no me preocupaba particularmente, pero sí lo hacía que me pegara pulgas o garrapatas. Honestamente, no tenía ni idea de qué esperar ni qué podría pasar al llevar a un perro callejero a la veterinaria.

Llegamos a la clínica y Lucky se alegró de bajar del coche. No tengo dudas de que la veterinaria pensaba: «¿Quién demonios es este blanco loco que me trae un perro callejero?». Pero ni su inglés ni mi básico tailandés se prestaban a una charla en profundidad.

No era la primera vez que esa veterinaria había atendido a un perro callejero en su consultorio. Mucho antes de mi llegada ya existían organizaciones dedicadas a estos animales de la calle, y en ocasiones los expatriados o los extranjeros de vacaciones se apiadaban de los que estaban heridos y los llevaban también. Fuera como fuese, el trabajo de un veterinario es ayudar a los animales, allí había una perra que necesitaba ayuda y yo no tenía ningún problema en pagarle el tratamiento.

La doctora le hizo unos análisis de sangre y un examen físico muy exhaustivo a Lucky. Estimó que tendría entre uno y dos años.

Me explicó que se podía saber la edad de un perro mirándole los dientes. Son bastante blancos durante los primeros años de vida, y los perros más viejos pueden tener peor aliento por una mala alimentación. Lucky no tenía parásitos, lo que era muy bueno, por supuesto, y raro en un perro callejero. Me pregunté si tendría que ver con que ella no se mezclaba con otros perros. Con una radiografía, se supo que ya estaba castrada. Más allá de lo incierto de su origen, esa era una buena noticia. No tendría que cuidar cachorritos además de intentar sobrevivir.

Sin embargo, como sospechaba, también había malas noticias. Lucky tenía varios problemas: sus nódulos linfáticos estaban inflamados, lo que suele indicar complicaciones peores: tenía gusanos, lesiones en la piel, en el hígado y algunos valores irregulares en los análisis de sangre.

—Ay, Lucky... —suspiré mientras le acariciaba esas grandes orejas puntiagudas.

Me frotó el hocico en el brazo, como diciéndome: «Gracias por cuidarme, Niall».

Me impactaba que tuviera tantos problemas de salud y aun así tanta energía y entusiasmo. Era una perra muy especial. Qué gusto me daba poder ayudarla.

La veterinaria le dio cuatro tipos de medicamentos para tratar esos problemas. Por mi parte, ahora que la había hecho revisar y había un diagnóstico, sabía que tenía que encontrar la forma de que se los tomara para que pudiera mejorar y tener la vida que se merecía.

Al salir de la veterinaria, decidí llevarla a mi apartamento donde le di un buen baño con la manguera y un champú especial para perros que le había comprado. Snoop se le acercó y olfateó de manera muy amistosa a esa flaquita recién llegada, pero no se interesó mucho más por ella. Me lanzó una mirada del estilo «¿Qué vas a hacer?» y se volvió a su cama sin inmutarse.

Snoop es todo un caballero: jamás sería agresivo ni trataría de marcar territorio. Mientras, yo contemplaba con fascinación cómo el pelaje de Lucky cambiaba completamente de color a medida que la mugre se iba por el desagüe. Era bastante más claro ahora que estaba limpio. Parecía brillar.

—¡Mira, Snoop! —llamé su atención mientras secaba a Lucky con una toalla vieja.

Ella me había dejado bañarla, aunque no tenía ninguna intención de quedarse en mi apartamento. Conmigo era amistosa y me tenía confianza, pero estar dentro la ponía nerviosa. Era una perra callejera hecha y derecha.

Jugamos durante un rato, hasta que empezó a inquietarse y ponerse tensa: olfateaba y lo rascaba todo tratando de abrir la puerta. Evidentemente, quería volver a su espacio en la selva, el que conocía, entre los árboles, los arroyos y los caminos embarrados. Quería tener la libertad de andar por donde quisiera. Las paredes y los suelos lisos de mi casa les eran muy extraños a sus patas y garras. Los olores eran diferentes y no se escuchaba a ningún pájaro.

—No te preocupes, Lucky, te llevaré de vuelta —traté de calmarla—. Pero prométeme que volverás a buscar la comida y los medicamentos durante el resto del mes, ¿vale?

Me gusta pensar que me entendió y hasta me pareció que asentía. La llevé a su hogar y la vi adentrarse de nuevo en la selva, al trotecito y olfateando los árboles.

—¡Nos vemos mañana, Lucky! —me despedí.

Pensar en lo feliz que se sentiría esa noche Lucky en su hogar con el estómago lleno y medicada me infundió una enorme alegría porque había conseguido algo importante ese día. La perrita había sido amable, paciente y había querido aprender y compartir sus primeras experiencias conmigo (que le pusieran una correa, que la subieran a un coche y que la llevaran a la veterinaria), aunque no dudo de que estaba aterrada. Los dos salimos de nuestras zonas de confort ese día, pero teníamos un plan que cumplir juntos.

No tengo cola que agitar, pero sí que caminé con la frente un poco más alta esa noche. Había sentido lo que era tener un propósito. Lucky todavía tenía mucho camino por delante, pero yo me moría de ganas por verla a la mañana siguiente y seguir con su recuperación el resto del mes. Con esa fortaleza de espíritu, se merecía una segunda oportunidad en la vida.

Es cierto que había encontrado la manera de mejorarle la vida a Lucky a corto y medio plazo, sin embargo, ese era solo el primer paso de la que entendí que debía ser mi misión, una de mayor escala. Había muchísimos perros como Lucky. ¿Qué podía hacer para ayudar a la mayor cantidad posible? Sentía que tenía la capacidad y la posibilidad de ayudarlos, aunque no tenía muy claro cómo. Toda mi formación y mi experiencia tenían que ver con la cocina o con la creación de empresas en redes sociales. Sabía lo que era trabajar mucho y cómo sacar adelante una empresa exitosa, pero ¿mejorarles la vida a perros callejeros? Esa era otra historia.

Hasta ahora, guiado por mi instinto, había alimentado a los perros y luego llevado a Lucky a la veterinaria, si bien todo había sido improvisado. No sabía nada sobre los cuidados veterinarios, sobre la castración en masa de perros ni sobre otros elementos que sabía que harían falta. Suponía que había muchas otras cuestiones que considerar que ni se me habían ocurrido aún.

Mi principal preocupación era que Lucky era solo uno de por lo menos cincuenta perros a los que podría haber elegido para hacer lo mismo. Y había tenido suerte, porque muchos tienen problemas similares o peores. Los perros callejeros están acostumbrados a tener que apañárselas; sin embargo, el que no puedan acceder al tratamiento cuando están enfermos es la diferencia crucial entre una mascota y un animal que vive en estado salvaje.

No les queda otra alternativa que luchar y aprender a vivir con enfermedades que podrían ser perfectamente tratables. Y cuanto menos acceso tienen a los cuidados veterinarios, más se enferman y más rechazo generan en la gente del lugar. Los consideran animales «repugnantes» y los echan o tienen miedo de contagiarse de algo horrible, pero hay muchas enfermedades que se podrían prevenir o tratar fácilmente.

Encendí la lámpara de mi escritorio; Snoop dormía como un tronco a mis pies, sin sospechar que yo ahora tenía un propósito. Abrí el portátil y me quedé mirando las cifras. La consulta con la veterinaria y la medicación de Lucky me habían costado 4 500 bats (120 euros/135 dólares). Si pensamos que un salario típico aquí puede estar entre los 10 000 y los 12 000 bats al mes, queda claro por qué muchos perros no reciben la atención veterinaria mínima.

Para mí no era problema facilitarles eso a unos pocos perros. En Tailandia necesitaba menos dinero que antes para vivir, así que podía mantenerme durante un tiempo con lo que tenía. Pero tarde o temprano ese dinero se me acabaría. El coste de alimentar a los perros no era particularmente grande: unos 500 bats al día (13 euros/15 dólares). Calculé que podía dar de comer a veinticinco perros por día y cubrir los gastos veterinarios de unos pocos, aunque lo cierto es que quería hacer mucho más.

Antes de mudarme a Tailandia, cuando era una máquina de trabajar, en mi cabeza siempre flotaba la idea de que algún día, cuando ya no me quedara nada por hacer a nivel personal o profesional, iba a fundar una organización benéfica. Sin embargo, me acababa de dar cuenta de que esa idea ya no me satisfacía. Necesitaba empezar a ayudar, a contribuir algo, ¡y de inmediato!

A largo plazo, sabía que la estrategia tenía que centrarse en la castración y la atención veterinaria más que en la comida, porque todos los días encontraba una nueva manada de perros. Esa misma semana, al apartar unos arbustos encontré detrás a seis preciosos cachorros de orejas grandes con los ojitos llenos de esperanza. Las rondas de comida no harían más que aumentar si cada vez había más bocas que alimentar. Me imaginaba la moto volcada por el peso de las enormes bolsas de alimento. Parecía el cuento de nunca acabar…

Enardecido por un fuego interior que no había sentido en años, me quedaba despierto hasta tarde, orquestando mi meta, que podía sonar absurda por lo ambiciosa que era: ayudar a 10 000 perros al mes. Si me preguntaras por qué me propuse esa cifra, la respuesta honesta sería que no estoy seguro. Me encantaría decir que hubo alguna razón científica y bien calculada, pero no. Solo fue una cifra grande que podía entender (como los 10 000 pasos al día o una carrera de 10 kilómetros) y, aunque fuera terriblemente desalentadora en esos momentos, me parecía que podía ser alcanzable, no era tan descabellada. Me prometí que intentaría ayudar a esa cantidad de perros al mes, darles una vida mejor, que pudieran estar más sanos e incluso evitar que se enfermaran o murieran.

No tenía la menor idea de cuánto tardaría en lograrlo. ¿Un año? ¿Diez años? ¿El resto de mi vida? Me juré que ese sería mi norte desde ese día. Era como si todo ese año de recuperación me estuviera llevando al lugar donde tenía que estar, me había dado la fuerza para emprender algo como eso, un verdadero proyecto enfocado en hacer el bien.

Tuve que analizar qué implicaría «eso», y la conclusión a la que llegué fue que, a grandes rasgos, sería dedicar cada momento del día a esa misión durante el resto de mi vida. Siempre he sido una persona de blancos o negros. Todo lo que hiciera estaría supeditado a cómo usar mi tiempo para ayudar a más perros y alcanzar la meta de 10 000 al mes.

Quería seguir en contacto con los perros, cuidándolos todos los días, pero tenía que aprovechar mi experiencia en el negocio de las redes sociales para multiplicar la ayuda: sabía que, si contaba sus historias, podría construir una comunidad increíble de personas con intereses afines y amor por los animales que me ayudaran a ampliar la magnitud de mis planes. No podía ayudar a 10 000 al mes yo solo. Necesitaba mucha más ayuda.

Quizá mi mayor debate interno tenía que ver con volver a trabajar después de estar un año recuperándome de las adicciones. ¿Tenía la energía y la pasión como para involucrarme de lleno otra vez? Como adicto en recuperación que tan solo un año atrás había estado al umbral de la muerte en la UCI, ¿estaba en condiciones? ¿Cuánto tendría que involucrarme personalmente? ¿Dónde tendría mi base de operaciones? Había cientos de preguntas para las que no tenía ninguna respuesta entonces. Sin embargo, tenía un propósito y estaba decidido a buscar soluciones.

Apagué el ordenador y llevé a Snoop a hacer su último pis de la noche antes de irnos a dormir. Y, por primera vez en un año, me sentí entusiasmado de verdad, con mil ideas sobre la logística, la financiación, los modelos de negocio y la investigación. Me quedé dormido pensando en todos los perros que había conocido y soñando con la infraestructura que tendría que organizar para darles las mejores oportunidades. Sería un camino arduo y me moría de ganas por empezar a recorrerlo.

A la mañana siguiente, después de darle de comer a Snoop y llevarlo a dar un paseo, fui a comprar una bolsa de pienso para dárselo a los primeros veintitantos perritos que lo necesitaran. Me causaba gracia pensar que, en la jerga empresarial de mi antigua vida, habría anunciado en una reunión que teníamos «veinte usuarios activos diarios» o «veinte clientes satisfechos». *Solo nos quedan 9980 al mes*, pensaba mientras me sonreía a mí mismo con cierta ironía, preguntándome si no estaría siendo demasiado optimista.

Por suerte, logré dar con Lucky pronto: oí la campanilla y ahí estaba, moviendo la cola tan campante, con su collar colorido sobre el pelaje dorado recién lavado. Un collar es la señal más clara de que un perro está al cuidado de alguien, y ella parecía llevarlo con orgullo, como si dijera: «Ahora tengo a alguien que me quiere, ¿veis cómo me cuida?». Verle la cara a esa perrita astuta que me esperaba y poder darle la medicación que le había prescrito la veterinaria me llenaba el corazón.

—Pronto volverás a estar bien, mi preciosa Lucky —le prometí mientras le daba mimos en el cuello.

Por lo demás, había muchos otros perros a los que también parecía que les gustaba verme llegar: se congregaban por la mañana a la espera de la moto, que se había convertido en su boleto a un estómago lleno. Como todos los perros aquí se aparean unos con otros, no son de raza, sino que hay una hermosa mezcla de todo tipo de cruces. A muy grandes rasgos, son más bien pequeños, fibrosos y de pelo corto marrón y otros tonos más oscuros. Por eso, no se les puede identificar como «el labrador negro», «el pastor alemán», «el *spaniel*» o «el *bulldog*», como se hace en otras partes.

Mi método fue inventarles todo tipo de nombres graciosos a las manadas a las que alimentaba, como «Los originales», que fue la primera manada de cuatro perros que encontré y que vivían en la parte alta de la selva. Estaban la madre, el padre y sus dos adorables cachorritos. Marrones y negros todos, parecían tener algún cruce de alsaciano. Como vivían muy alejados, siempre estaban muertos de hambre. Eran animales nobles y extremadamente desconfiados de las personas, aunque con el paso de los días me los fui ganando.

Luego había dos a los que apodé «La pareja relajada», dos perros marido y mujer (o así me gustaba imaginarlos) encantadores y de modales impecables que vivían en el límite de la selva. Eran inseparables y te derretías al verlos. Siempre querían que los abrazara y los mimara un poco después de dejarles la cena.

La manada de «Los cachorros orejudos» era de perros preciosos, todos iguales, que tenían los orificios de las orejas gigantescos, por eso el apodo. En un principio pensé que eran tres, pero luego mi amiga Lana me dijo que había otros tres más. Así fue, más tarde esa misma semana, empezaron a aparecer los seis, que todos los días protagonizaban la típica pelea de una familia grande para ver quién come primero. Estaba Billy, que siempre se quedaba en la ciudad, junto a un lavadero de coches, posiblemente porque allí tenía agua y quizá podía hacerse con algunas sobras de comida. Se comportaba como todo un caballero y tenía una herida ya vieja en una pata, que supuse que sería producto de algún accidente. No me gustaba imaginar qué le habría pasado; solo me reconfortaba verlo más robusto cada día a medida que aumentaba de peso.

Wonky[3] (si vieras las orejas de esta dulce perra cruce de pastor alemán, comprenderías enseguida el nombre) era otra de mis favoritas. Había dos cosas que amaba en la vida: el cariño de los humanos y la comida. Como solo los recibía una vez al día, le costaba decidir cuál quería primero. Iba de un lado para otro muy inquieta. Tendría unos seis años y, según me dijeron unos lugareños, había tenido dueño en el pasado, pero había terminado en la calle. Lamentablemente, es algo habitual. Si llega el punto en que a los dueños no les alcanza el dinero para darles de comer o cuidarlos, no es extraño aquí que los perros terminen siendo abandonados. Yo estaba seguro de que Wonky mejoraría si algún día lograba encontrarle otra familia humana, ¡tenía tanto amor para dar! En su caso, conseguirle un hogar también tenía que ser parte del plan.

«El clan de los cinco» no estaba en mi ruta originalmente, pero un día los dos cachorros de pelaje claro me persiguieron para que les diera el pienso que me quedaba, y metían sus hociquitos negros en la bolsa casi vacía mientras yo iba en la moto. Al día siguiente, invité a toda su familia (incluido el padre, que parecía no tener muchas luces y se notaba que había pasado por algunas peleas) y enseguida toda la familia pasó a formar parte de los parroquianos.

---

3. *N. de la T.:* En inglés, «torcido» o «desigual».

Había muchos otros: «Los del monte», «Los del camino de tierra», «Los de los árboles grandes», «Los Fox», y también «Old Boy»[4], un perro más entrado en años, muy gentil y un poco tímido, con cierto aire de melancolía, que se mostraba muy agradecido por la comida. Luego estaba un perro al que llamé Happy[5], que era muy bonito, de pelo blanco y manchas negras, al estilo de una vaca frisona, y con unos grandes ojos marrones que parecían delineados con kohl. En pocas palabras: este muchacho estaba siempre feliz. Cuando le dejaba la cena en el «cuenco» de cáscara de coco, hacía soniditos y hasta parecía que quería hablarme para decir:

«¡Gracias, Niall!»

—De nada, Happy —le respondía yo con una sonrisa.

Otro, al que apodé Marlon Brando, fue uno de los perros a los que alimenté casi desde el comienzo, y uno de mis «protegidos». Le puse ese nombre porque ya era mayor, probablemente tenía unos 12 años, y aspecto recio. La habían salido algunas canas, no veía muy bien y le costaba un poco caminar. Como la leyenda de Hollywood del mismo nombre, me gustaba imaginarlo como el Padrino de los perros, el… «Padrino canino».

Merecía mi respeto por el mero hecho de que, evidentemente, había estado siempre en la calle; esa es una vida dura y aquel perro había demostrado tener las agallas para seguir en pie, era todo un superviviente. Era alegre, sabio y, aunque sus días de gloria ya habían quedado atrás, él se mostraba agradecido por lo que tenía. A mis ojos, ilustraba a la perfección lo que es vivir en el presente. Todo el tiempo que he pasado con los perros me ha enseñado que nadie hace eso mejor que ellos. No se castigan con remordimientos, como hacemos las personas.

---

4. *N. de la T.:* En inglés, «el viejecito».

5. *N. de la T.:* En inglés, «feliz».

Marlon Brando era un perro bastante grande. En su juventud habría sido uno de los más fornidos y fuertes. Sin embargo, al igual que con los humanos, su destreza física había mermado con los años. Aunque nunca se dejó vencer por la edad. Parecía muy orgulloso de haber llegado tan lejos habiendo tenido tanto en contra. «Más respeto a los mayores, chiquillos —parecía implicar su trotecito—; este perro viejo todavía tiene cuerda para rato». ¡Eso es tener actitud frente al paso del tiempo! Marlon Brando tenía las articulaciones un poco rígidas, pero caminaba con bastante estabilidad. Casi siempre se quedaba al fondo de la manada, pero se apuraba en trotar en mi busca cuando escuchaba el inconfundible ruido de la moto. Irradiaba entusiasmo por la vida y aún le quedaba mucho por vivir.

Lo que ocurre con los perros más viejos, como él, es que dentro de la manada los van haciendo descender en el escalafón. Nadie lo maltrataba, nunca iban a atacarlo, pero ya no volvería a ser el perro líder de su juventud. Así es la vida. Los más fuertes pasan a dominar. Como sucede con las personas, las generaciones más jóvenes toman el relevo y a los más viejos los mandan al retiro.

Marlon Brando esperaba con paciencia su turno cuando les daba de comer. Y como yo siempre estaba pendiente de que él comiera a sabiendas de que no iba a poder abrirse paso a trompicones como los más jóvenes, no lo perdía de vista y lo guiaba hacia donde estaba la comida cuando los otros ya se habían ido a jugar. Los perros no tienen precisamente buenos modales; a diferencia de nosotros, no se quedan hablando de cómo estuvo su día mientras esperan con recato a que el último de la manada termine de comer.

Marlon Brando parecía estar bastante bien de salud para sus años. Lo único que tenía en claro deterioro era la vista. Me daba cuenta de que se estaba quedando ciego y, aunque sabía que podía ver formas y siluetas, su visión estaba muy deteriorada, pero el abuelete tenía mucha calle y se valía de su olfato y su astucia para evitar problemas. Había notado que los ojos se le llenaban de legañas, esa sustancia pegajosa que tienes en el rabillo del ojo al despertar. En su caso, las legañas parecían ser crónicas y, obviamente, no podía quitárselas él mismo con las patas.

Empecé también a llevar algunos suministros básicos que no eran comida en la moto, como unas toallitas húmedas para limpiarle con mucho cuidado los ojitos antes de darle de comer. Él se mostraba muy agradecido por mi ayuda: me frotaba con el hocico en la pierna y luego me miraba con los ojitos entrecerrados y parpadeando. Ese gesto me hacía reír.

—Sí, sí, Marlon Brando. He venido a hacerte la rutina de ojos —le decía para tranquilizarlo.

Todos los días, le limpiaba los ojos. No era nada del otro mundo, ni mucho menos una heroicidad. No había visitas al veterinario ni rescates dramáticos, pero era muy gratificante saber que con una pequeña acción, con unos segundos de limpiarle los ojos con mucho cariño, le mejoraría el resto del día. Para mí era importante, porque me presentaba allí todos los días y le echaba una mano. Me hizo reflexionar sobre todos los momentos de mi vida en los que no había sido tan responsable ni digno de confianza, todos aquellos en los que no había estado presente donde se me necesitaba, junto a las personas que se merecían mi atención.

Durante mis años de dependencia del alcohol fui increíblemente irresponsable. Me inventaba excusas para no ir a reuniones y así poder ir a beber. Me inventaba excusas para no trabajar y, en su lugar, empinaba el codo. Me inventaba excusas para no levantarme de la cama y poder seguir bebiendo. Solía mentirle a la gente, desaparecía durante días, no me presentaba cuando debía y era impredecible. Defraudaba a la gente todo el tiempo… todo con tal de poder seguir bebiendo. Mi comportamiento fue vergonzoso.

Así que cumplir con mi compromiso hacia Marlon Brando me hizo sentir un poco orgulloso de mí mismo como persona y de todo lo que había logrado desde que decidí dejar atrás mi vida de excesos.

No era mucho, pero era algo simbólico. Ahora sí se podía confiar en mí. Ahora sí era una persona de quien se podía esperar que hiciera las cosas bien y se comprometiera a hacer algo sin egoísmo.

El líder de la manada de Marlon Brando era otro perro al que le daba de comer, Bubba, que tendría unos ocho años. Era enorme y se hacía notar; también era un superviviente, nacido y criado en la calle, y muy sagaz. Una vez se cortó la pata y la veterinaria le tuvo que dar seis puntos. Lamentablemente, los perros se hacen cortes todo el tiempo y suelen curarse solos, pero cuando Bubba empezó a cojear y el aspecto de su herida empeoró, no dudé en llevarlo al veterinario.

Como era de esperar, el diagnóstico de Bubba fue una sepsis. Semejante infección puede tener una alta mortalidad, pero por suerte la habían pillado a tiempo. Los análisis de sangre también revelaron que Bubba tenía problemas graves en un riñón, hemoparásitos y algunos otros valores anormales. Sin embargo, todas estas dolencias tenían solución, y yo terminé llevándome a Bubba a casa para cuidarlo allí mientras se recuperaba. Se veía que el perro nunca había pisado una casa en toda su vida y estaba confundido. No se meó en ningún momento, gracias al cielo, y daba la impresión de que no estaba seguro de dónde podía hacer sus necesidades, pero creo que notaba que el suelo no era una opción que me pondría contento. Además, la presencia de Snoop parecía inquietarlo, aunque no es que este le diera algún motivo. Snoop es todo un bonachón, y Bubba sabía que estaba en territorio ajeno.

Por fortuna, pude ayudar a que el pobre mejorara y, una vez recuperado por completo, regresó feliz a la calle y a liderar su manada. Los perros como él pueden vivir muy bien sin dueño, se las apañan de sobra con su propia sagacidad, pero hasta ellos necesitan que les echen una mano a veces, y me hacía muy feliz haber podido ayudarlo a volver al ruedo. Es uno de los perros más astutos que he conocido. Hubo otra ocasión en la que empezó a cojear. Preocupado, me lo

llevé al veterinario, que lo revisó muy bien… y vio que no tenía ningún problema en la pata: resulta que se había dado cuenta de que, si
simulaba una cojera, iba a recibir más atención y un poco más de
comida. De hecho, cuando lo empezamos a observar más de cerca,
nos dimos cuenta de que «se olvidaba» de cojear cuando ya se había
terminado la comida. Nos desternillamos de risa. Hay que quitarse el
sombrero ante un perro tan inteligente como Bubba, que necesita ser
así de avispado para sobrevivir.

Yo estaba empezando a encariñarme mucho con todos ellos;
eran unos personajes maravillosos. Pero por delante de todos estaba
Lucky, mi perrita favorita. En cuanto escuchaba la moto aparecía
corriendo para saludarme muy entusiasmada. Se tomaba los medicamentos, tenía la piel mucho mejor y mi objetivo era que creciera y
se pusiera fuerte. Lo que padecía era totalmente tratable.

De todos modos, me preocupaba que estuviera siempre tan sola.
Yo trataba de acercarla a otros perros (sentía que acompañada estaría más segura), pero a ella no le interesaba. Lo único que parecía
querer era estar por su cuenta todo el tiempo. Le gustaba quedarse
en su zona, en un radio de unos 400 metros. Ahí mismo había otros
perros con los que podría haber interactuado fácilmente, y algunos
incluso se le acercaban para jugar, pero ella insistía en quedarse sola.
Aun así, yo seguía intentándolo…

Todos estos perros se habían ganado un lugar en mi corazón,
dependían de mis visitas y no podía defraudarlos. Verlos me sacaba
una sonrisa y llenaban de felicidad mi corazón herido. Parecía como
si en la zona se hubiera corrido la voz sobre el irlandés calvo que
traía buenos almuerzos, porque cada semana aparecían más y más
perros.

7

NO SE PUEDEN GANAR TODAS LAS BATALLAS

Conocí a Tyson apenas unas tres semanas después de haber empezado a dar de comer a los perros, y él se ha convertido en una de las principales razones por las que hago esto. Quisiera saber más sobre él para poder contároslo. Lo único que puedo decir es que estuvo muy poco tiempo en mi vida, pero dejó huella. Lo que viví con Tyson resume perfectamente ese sabio dicho de que en la vida no son los minutos los que de verdad cuentan, sino los momentos.

Tyson fue el primer perro al que intenté darle una mínima atención veterinaria por mi cuenta, y desde entonces he usado lo que aprendí con él casi a diario. Lo conocí porque recibí dos llamadas sobre él: una de un voluntario que trabajaba en Samui Street Dogs, un grupo de expatriados como yo que se dedican a mejorar la vida de los perros, y otra de mi amiga Lana, una persona muy comprometida con los animales. Habían salido a caminar y ambos me dijeron que habían visto a un perro en la carretera de la selva que se veía muy enfermo. Parecía que lo acababan de abandonar ahí, porque ni Lana ni el otro voluntario lo habían visto antes. Con el paso del tiempo, empiezas a reconocer a los mismos de siempre, y este perrito parecía haber salido de la nada. Me fui hasta allí para ver si podía encontrarlo e investigar un poco.

No me llevó mucho tiempo encontrarlo y, sí, estaba en muy mal estado. A decir verdad todos temíamos un poco por él. Tenía la cabeza muy inflamada y estaba tan mal que apenas podía mantener el equilibrio al caminar. Yo todavía no sabía muy bien cómo proporcionarle cuidados a un perro y lo único que hacía era darles alimento. Fuera de eso, desconocía qué debía hacerse en estos casos, y mucho menos, darles tratamiento si estaban enfermos.

Era evidente que la pobre criatura estaba muy enferma. No era como los cortes y las lesiones menores que suelen tener los perros callejeros. Esto era grave. Se trataba de un animal bastante pequeño, de color marrón claro, hocico negro y dos orejas puntiagudas que le coronaban la cabeza, que estaba tan hinchada que tenía casi dos veces el tamaño normal. Semejante hinchazón le afectaba a la respiración, así que en un principio solo atiné a sentarme a su lado y acariciarlo muy despacio en la cabeza y las orejas. Me parecía que le costaba recobrar el aliento, eso no era normal. Pensaba en qué le habría pasado para terminar así. ¿Lo habría picado una víbora? ¿Lo habría atropellado un vehículo? ¿Tendría una lesión cerebral? Era incapaz de discernir la causa y en ese momento me chocó darme cuenta de que no sabía lo suficiente sobre perros como para averiguarlo. Hoy sé que la mitad de las veces que atiendes a un perro herido se convierte en un trabajo detectivesco, y por ese entonces me faltaba experiencia.

Lo que sí sabía es que ese perro, con esa hinchazón tan horrible, necesitaba ayuda urgente, así que lo puse en una caja de madera y me lo llevé al veterinario. Ellos coincidieron en que estaba muy enfermo, le pusieron una vía intravenosa y le dieron unos medicamentos antiinflamatorios para bajar la hinchazón y tranquilizarlo. Pasó la noche en la clínica con la vía y luego, como no tenía otro lugar en el que quedarse, me lo llevé a casa. Esperaba que la hinchazón bajara y el perrito empezara a sentirse lo bastante bien como para comer y beber algo, que intuía que sería el primer paso de su recuperación.

Esa primera noche en mi casa lo pasó fatal. Pudo beber un poco del agua que le acerqué a la boca, porque casi no tenía fuerza, se le veía agotado y dormía mucho. Aunque yo no podía hacer mucha cosa en términos de cuidados veterinarios, me parecía que sacarlo de la calle había sido lo correcto, porque en ese estado habría corrido mucho peligro. No sabía cómo había terminado así, pero estaba bastante seguro de que quisieron dejarlo morir.

Se trata de una práctica bastante común en Tailandia, especialmente cuando el perro está muy enfermo. Sé que si no lo hubiera llevado a mi casa se habría quedado sin agua, sin comida y sin cuidados de ningún tipo, y habría muerto solo y dolorido. Es una manera horrible de dejar este mundo, seas quien seas. Incluso ahora, que llevo más de un año en esto, no entiendo cómo la gente puede vivir con ese peso en la conciencia. ¿Será eso de que corazón que no ve, corazón que no siente? Aquello era muy injusto, y me negaba a que ese perro terminara así. Ni él ni ningún otro perro, vamos.

Después de pasarse casi todo un día entero conmigo y Snoop en casa, envuelto en mantas calentitas, el pobrecito había comenzado a mostrar una leve mejoría. Bebió un poco de agua y comió sin ayuda. Luego hubo un gran cambio. Se levantó, dio unos pasos, empezó a mover la cola y en su profunda mirada percibí un poco más de vida.

—¡Oye, estás mejor! —exclamé emocionado, dándole un besito en la cabeza, que se veía visiblemente mejorada.

Deseaba con todas mis fuerzas que aquel perro se recuperara y mantuve una actitud positiva. Incluso decidí llamarlo Tyson, por el boxeador Tyson Fury. La extensa carrera de Fury ha sido como una montaña rusa, con problemas de salud física y mental, encontronazos con la prensa… Ha estado a punto de tirar la toalla, tanto literal como metafóricamente. Y aun así ha reconvertido su vida y su carrera profesional. Así que decidí que «Tyson» era un nombre muy adecuado para este perro, que había peleado como un verdadero héroe para recobrar su salud, e iba a darle la oportunidad de tener una remontada gloriosa, como la de su tocayo.

Estaba tan contento que publiqué la buena noticia en línea. Es cierto que siempre intento usar un tono positivo y alegre en mis redes. Ya hay suficiente sufrimiento en el mundo, ¿para qué sumar más tristeza? Quiero que la gente se sienta bien, que les suba la hormona de la felicidad cuando miran las publicaciones en el tren, en el autobús, mientras esperan a que sus hijos salgan de la escuela o mientras se toman un café durante un descanso. Quería compartir con todo el mundo la alegría de la fabulosa recuperación de Tyson.

Daba toda la sensación de que eso era lo que estaba sucediendo. Tyson había empezado a comer un poco de caldo casero y hasta algunos alimentos sólidos. Tenía la cabeza menos inflamada y podía masticar bien. A mí me seguía preocupando no tener un diagnóstico claro después del examen en la clínica veterinaria, porque sentía que no sabíamos a qué nos enfrentábamos. Pero Tyson estaba cómodo entre las mantas y los edredones del suelo de mi casa, y aparentemente mejoraba. Yo me echaba a su lado, lo escuchaba y observaba sus movimientos, cada vez más confiado de que se iba a recuperar. *Qué fantástico. El medicamento está funcionando y voy a salvar a este perro.* Estaba muy feliz. Hasta me parecía fácil. ¿Le habría pillado el truco al asunto?

Ahora que lo pienso, fue una tontería haber sido tan optimista. Me aferré a la esperanza de que Tyson se recuperara, pero cuando llegó la tercera noche en mi apartamento, esa esperanza se esfumó… y se impuso la dura realidad de la vida.

Me desperté a las 04:00 en el suelo, al lado de Tyson. Le costaba mucho respirar y estaba muy agitado. El aire no le pasaba de su garganta a los pulmones. Lo peor de todo era lo inquieto que estaba. Lograba incorporarse y luego iba de un lado a otro. La situación era muy distinta a la de unas horas atrás: algo iba muy mal.

Por desgracia, en Tailandia no hay veterinarios de guardia. Así que, en la mitad de la noche, le di una pequeña charla motivadora que iba, en parte, dirigida tanto a él como a mí:

—Bueno, vamos a superar esto juntos, Tyson, y te llevaré al veterinario a primera hora de la mañana. Descubriremos qué te pasa; resiste un poco, amigo.

Pero a las 05:00 Tyson había empeorado. Estaba tumbado, muy decaído, en el frío suelo de mi apartamento y su respiración se había vuelto más ligera. Se había quitado las mantas para escabullirse como pudo, poco a poco, hasta un rincón. Mientras yo intentaba que bebiera agua, observaba con desesperación el reloj de pared.

—Dios mío, tengo que lograr que llegue a las 09:00 para ir al veterinario.

Pero cuando el reloj dio las 07:00, tuve una pequeña revelación. Echando la vista atrás, creo que fue uno de los momentos de mayor claridad que he tenido desde que empecé con este trabajo: ya no había vuelta atrás. Sabía que Tyson moriría.

Aunque no sabía mucho sobre perros ni cómo cuidarlos, reconocía instintivamente ese sufrimiento. Mi intuición me decía que aquellas eran las últimas horas de vida de Tyson, que iba a morir ahí, en mi pequeño apartamento, antes de que yo pudiera llevarlo a ningún lado.

Creo que en un momento sentí que me estaba rindiendo y estaba fallándole a Tyson, pero con el tiempo he llegado a comprender que esa madrugada aprendí una lección de vida muy valiosa: mi amor y mis cuidados sinceros eran lo único que él necesitaba en ese momento. En lugar de intentar cambiar lo que se había vuelto inevitable, tenía que aceptarlo. Aquello era lo más importante en esos momentos. Darle amor y permitirle irse en paz. Así que le di toda la comodidad que pude: busqué mis mejores mantas y se las puse alrededor del cuerpo tembloroso, lo llevé a una habitación luminosa y tranquila, cerca del aire acondicionado. Me senté ahí durante una hora más o menos, sosteniéndole la patita de color arena y hablándole. Le conté sobre mis planes para los perros de Tailandia y le conté historias sobre mi vida; sabía que estaba a punto de morir.

Había visto personas muertas y también a perros que acababan de morir, pero nunca había estado con alguien durante el proceso de la muerte, y en aquellos momentos estaba viendo cómo la vida de aquel perro callejero se extinguía. Fue difícil presenciar los minutos finales de la vida de Tyson. Su cuerpecito empezó a temblar más, quedó patas arriba y se puso rígido. Le sostuve más fuerte la patita y sentí, en lo más profundo de mi ser, que esa era una de las primeras veces desde que había dejado el alcohol y combatido contra mi depresión en la que me sentía verdaderamente orgulloso de mí mismo. Nunca había tenido ese nivel de responsabilidad hacia nadie ni me había ocupado de cuidar de nadie de esa manera.

Mi vida anterior había estado marcada por el egoísmo, por mentirme a mí mismo para conseguir una copa más, por inventar excusas que justificaran mis acciones, que justificaran mis fracasos. Pero ahora estaba acompañando a este animalito en sus últimos momentos. Sentía que Tyson estaba reafirmando con total claridad lo que tenía pensado hacer y le aseguré que le dedicaría toda mi energía a hacer un trabajo fabuloso en su nombre. Por último, le dije:

—La gente te recordará, Tyson.

Mantuve la mano apoyada en el cuerpo de Tyson para mostrarle que no estaba solo, y ahí la dejé hasta mucho después de que hubiera dejado de respirar. Permanecí sentado junto a él media hora después de su muerte. La experiencia me dejó totalmente agotado. Tyson había tenido un gran impacto en mí; sé que a algunos les puede parecer tonto, tratándose de un perro al que conocía desde hacía muy poco, pero me sentí tan conmovido que fue como haber visto morir a un humano.

Por otro lado, había un asunto práctico sobre el que yo no sabía nada: qué hacer con el cuerpo. ¿Tenía que incinerarlo? ¿Llevarlo a la montaña y enterrarlo? Les pedí a mis vecinos tailandeses que me aconsejaran y fueron de lo más generosos.

—Lo enterraremos en el jardín —me sugirieron, esa es la costumbre para los animales queridos—. Te ayudaremos.

Así que, más tarde ese mismo día, uno de mis vecinos tailandeses y yo cavamos una tumba para Tyson en mi pequeño jardín. Lo enterramos allí, bajo un monumento simple de cuatro piedras, y le dejé unas flores de tallo grueso y pimpollos anaranjados, apoyadas contra las piedras. Todavía voy al jardín de vez en cuando a contarle cómo está yendo todo. Le hablo cuando he tenido un día difícil, cuando ha habido algún contratiempo. Le cuento sobre los pequeños avances que hemos hecho con otros perros o los que han logrado mis amigos. A Tyson se lo cuento todo, porque una buena parte de lo que hago se la debo a él.

Supongo que a muchos les parecerá extraño que un perro al que solo conocí durante 72 horas haya tenido un impacto tan monumental en mí. Murió a mi lado, y yo sentí que lo ayudé a tener una muerte tan serena y digna como me fue posible. Muchos otros habrían pasado de largo o lo habrían dejado en la veterinaria, entre más animales enfermos que él ni conocía, pero yo le sostuve la patita hasta el final y le di todo lo que pude.

No voy a fingir que estas situaciones no me afectan. Una de las mejores cosas de haber dejado el alcohol es que tengo la claridad mental para pensar bien, y dispongo de la energía para hacerlas de verdad. Aunque sigo sufriendo episodios de depresión y ansiedad. Sigo dudando de mí mismo a veces, y me abruma el plan que me prometí de rescatar a 10 000 perros al mes.

En las redes sociales, no hablaba sobre mis miedos, porque intento que mis mensajes sean positivos. Pero, en esencia, me encontraba en un país del que no sabía nada, intentando construir algo importante cuando ni siquiera hablaba tailandés. Eso sí: había decidido empezar ese proyecto desde cero y sin una red de apoyo local. Sabía que sería el mayor desafío de mi vida. Estaba tratando de aprender sobre tratamientos veterinarios y, para ser totalmente sincero, al ver las heridas de algunos de los perros sentía algo más que aprensión. Sentía que no tenía idea de lo que estaba haciendo.

Cada vez que me entraban miedo o dudas, salía a caminar por la selva o me acurrucaba en el sofá con Snoop para calmarme. Intentaba mantener el optimismo e imaginar de qué forma funcionaría todo a cinco años vista. Me iba hasta lo más alto de la montaña para mirar la selva desde arriba y visualizar en detalle el complejo que quería construir, con cientos de perros, veterinarios yendo y viniendo, camiones llenos de comida, sonrisas y amiguitos de cuatro patas moviendo la cola. Descubrí que esa técnica me ayudaba. Te sugiero probarla si padeces ansiedad.

Otro método que siempre probaba para calmar mis miedos era pensar en el peor escenario posible. ¿Cómo sería y qué implicaría? ¿Se reirían de mí por mi fracaso? Pero tenía decisiones que tomar, así que, si se reían, ¿qué problema había? No podía dejar que eso me frenara. El peor escenario era que todo el proyecto fracasara y yo quedara como un idiota por haber dicho a todo el mundo que podía rescatar a 10 000 perros al mes. Me di cuenta de que, si eso llegaba a ocurrir, sencillamente volvería a dar de comer y a ayudar a diez perros al día, recorriendo la soleada Koh Samui. Entendí que, viéndolo desde una perspectiva más amplia, no sería tan malo. Solo tenía que levantarme y seguir avanzando.

~~~~~~

La muerte de Tyson fue un gran revés, pero también me hizo ver que tenía mucho que dar de mí mismo y mucho por crecer. Y en líneas generales, las cosas estaban yendo bien. Lucky seguía progresando y regresaba todos los días a buscar su medicación, que ya casi se había terminado. Antes, para darle alguna pastilla a Snoop, había tenido que triturarla o escondérsela en la comida. Obviamente, tratar de aplicar ese método a gran escala era inviable. Y dado que algunos de los perros callejeros compartían la comida que les dejaba, iba a ser imposible corroborar que se tomaran la medicación quienes realmente la necesitaban.

Así que me volví un experto en abrirle la boca a Lucky. Le colocaba la pastilla adentro y ella se la tragaba sin chistar antes del desayuno. Habíamos creado un vínculo de confianza sólido. Y ella, ahora que estaba mejor de salud, parecía otra perra. No estaba flaca como un fideo, sino fibrosa y enérgica. Un día la llevé a la playa y empezó a correr totalmente emocionada por la arena, lo cual me llenó de felicidad y esperanza por lo que se podría lograr en el futuro.

Filmé a Lucky sonriendo (ya sé que, técnicamente, los perros no sonríen, pero a mí me gusta pensar que sí) mientras corría de una punta de la playa a la otra (detrás de cámara, yo también iba sonriendo y corriendo a su lado intentando alcanzarla) y luego subí el vídeo. La gente no podía creer que se tratara de la misma perra. Yo mismo tampoco podía creerme lo mucho que había avanzado.

Otro gran logro había sido conseguirle un amigo. Chopper era un cachorro adorable al que habían rescatado de una casa abandonada, una de las chozas donde viven los agricultores cuando llega la época de cosechar cocos. Un trabajador de la construcción debió haber traído al cachorro y tal vez lo dejó allí sin más, o tal vez fue que otra persona pensó que Chopper sí tenía una familia que lo cuidaba, aunque no se la viera mucho. ¿Quién sabe? Pero este perrito tenía una personalidad encantadora: era eléctrico y movía la cola todo el tiempo, a tanta velocidad que recordaba a la hélice de un helicóptero, de ahí su nombre[6]. Hasta doblegó a la solitaria Lucky, que no podía quedarse indiferente cuando él le rogaba que jugara. Chopper perseveró durante cuatro o cinco días ante las reiteradas negativas, y al final se hicieron inseparables. Me dio mucha alegría ver esa unión y que Lucky al fin hubiera encontrado un compañero de juego.

Estos dos perros eran increíblemente felices: estaban bien alimentados, tenían un refugio y les encantaba su hogar en la selva. Para ser perros callejeros, llevaban una vida digna de la realeza.

---

6. *N. de la T.:* En inglés, *chopper* significa «helicóptero».

8

POR QUÉ LOS CACHORROS SON MALOS

Al cabo de unas pocas semanas, estaba alimentando a unos cuarenta perros al día, el máximo que consideraba manejable sin contar con ayuda. Recorrer la selva, sentir el sol en la cara y ser recibido por todos esos perros moviendo la cola me daba la misma satisfacción que el primer día. Había generado un gran vínculo con muchos de ellos.

Pero todos «mis perros» se encontraban en un radio de un kilómetro y medio aproximadamente. Solo en Koh Samui había otros miles de perros callejeros, y en el resto de Tailandia se contaban por millones. Si me proponía generar un cambio importante, era difícil no sentirse abrumado, especialmente porque seguía encontrando cada vez más perros.

Entre finales de primavera y principios de verano, dio comienzo la «temporada de cachorros». Es cuando empiezan a aparecer todos juntos. Y no solo eso... la gente había empezado a abandonar cachorros que no querían en los lugares exactos donde sabían que yo los encontraría. Casi siempre abandonan a las cachorras y se quedan solo con los machos, que, como no pueden quedar preñados, implican menos problemas y bocas que alimentar.

Junto a una carretera, encontré once cachorros de dos manadas diferentes en un tramo de 100 metros. Hace falta tener el corazón de piedra para abandonarlos, así que los incorporé a mis rondas para darles de comer. A los siete u ocho meses de edad, una perra todavía es cachorra, pero ya puede tener crías, así que no hay que ser un experto matemático para ver que los problemas se multiplican al ritmo de los perros.

Si al gran problema que es en sí el que haya tantos perros callejeros le sumas la aparición incesante de nuevos cachorros, es fácil terminar descorazonado. Porque el esfuerzo que requiere conseguir que esos animales salgan adelante implica dejar de lado todo lo que estás planificando para mejorar la situación general.

Investigué un poco y aprendí que la leche de cabra es nutritiva para los cachorros, ya sea como reemplazo de la leche materna o como suplemento. La imagen de los perritos tomando leche y moviendo la colita todos a la vez es, sin exagerar, una de las cosas más tiernas que he visto en mi vida.

Trato de disfrutar esos momentos especiales, porque de otro modo estaría lamentándome sin parar por la situación de los pobres perritos. Es más caro cuidar a una cría que a un perro adulto (calculo que rescatar a cada uno que encuentro me cuesta unos 200 dólares, incluida la castración, los medicamentos, la leche de cabra, la comida, el transporte, la atención veterinaria y otras cosas). No parece mucho, pero cuando lo multiplicas, la cifra se descontrola con rapidez. Empecé a comprar la leche en garrafas por si sus madres necesitaban ayuda con la lactancia o, peor, que los hubieran abandonado a su suerte.

Me llevé un disgusto fuerte con Angel, una perra que encontré con sus ocho cachorritos junto a una carretera muy transitada. La pobre intentaba protegerlos de los vehículos como podía, pero que los atropellaran a todos era cuestión de tiempo. Los tres cachorros más bonitos fueron adoptados por gente del lugar y Angel se quedó con los otros cinco que, tristemente, nadie quiso. Aunque se les daba comida y leche de cabra dos veces por día, no tenían un futuro precisamente prometedor estando ahí pegados a la carretera, aunque Angel hacía todo lo que podía y al menos los cachorros tenían una madre amorosa.

Pero cuando ella desapareció un día y los pobres cachorros se quedaron a la deriva, sus probabilidades de sobrevivir se redujeron abruptamente. Me pasé cuatro días aterrado pensando en qué sería de ellos. Organicé un plan con otros voluntarios para intentar llevarlos a un lugar seguro… y luego ocurrió un milagro: alguien encontró a Angel (gracias a una publicación de Facebook) en la otra punta de la isla.

Nunca sabremos cómo llegó allí, pero casi lloro cuando pudimos llevarla con sus cachorros a un lugar seguro junto al mar, lejos del tránsito, donde podríamos cuidarlos todos los días. Dos vecinos generosos incluso les construyeron casitas, ¡como fincas junto al mar! Tenían alimento, agua y refugio. Qué felicidad fue verlos en un lugar protegido y saber que les esperaba un futuro mucho mejor, allí todos juntos con su mamá.

Esta era solo una historia con final feliz. ¿Cómo podía mantener semejante ritmo? Una cosa es cuando los perros son cachorros, porque a todo el mundo les gustan. Son tiernos, peluditos y adorables. Es más probable que alguien les dé sobras para comer mientras son pequeños, pero la cruda realidad es que a la mayoría de ellos les espera una vida muy dura. Muchos morirán jóvenes: la vida de un perro aquí puede ser terriblemente efímera y, entretanto, la suya será una existencia triste, en la que se pasarán los días buscando comida y, casi con total seguridad, lo harán estando enfermos.

Como, naturalmente, los cachorros aún no entienden de los peligros de la carretera, la probabilidad de que terminen atropellados por un coche o una moto es muy alta. En ocasiones las madres, empujadas por su instinto protector, los cuidan lo mejor que pueden ladrándoles a los coches que pasan, pero si en la manada hay siete cachorros, ni la mejor madre del mundo puede alejarlos a todos del tránsito.

No son solo los coches lo que estos perritos tienen que evitar: aquí también hay cobras, parásitos y humanos que quieren eliminarlos. Si un promotor urbanístico o el dueño de un complejo turístico está construyendo un nuevo edificio, apartamentos o un hotel, no quieren perros callejeros apestosos deambulando y perjudicando el prestigio del lugar. Así que muchos perros y cachorros terminan muriendo por ingerir el veneno que alguien les ha dejado.

Algo que me parece particularmente cruel es que muchos de estos cachorros valdrían hasta 1 000 dólares en otros países, donde probablemente serían mascotas queridas y estarían sanas y protegidas. Aquí, en Tailandia, lo que les toca es intentar sobrevivir con todo en contra. No es para nada una vida justa.

Las hembras enseguida empiezan a atraer a los machos cuando entran en celo y así se perpetúa el ciclo. Es despiadado. Cuando piensas que te has organizado para alimentar y cuidar a un grupo, aparece otro. Parecen salir de debajo de las piedras: están junto a las carreteras, en la selva, en pozos y en chozas abandonadas.

Durante la temporada de cría, se necesitan todas las manos posibles, y estoy muy agradecido a todos los que colaboran. Hay personas que me ayudan a cuidar a los perritos durante la noche, las hay que les construyen pequeños refugios, y otras que ayudan a transportarlos por todos lados. También hay gente que me ayuda a buscarles un hogar (este es siempre el objetivo ideal y el más difícil, pero lo intentamos) y tampoco faltan las que echan una mano alimentando a los cachorros y les dan medicamentos a medida que crecen. En resumen, cada vez que encuentro cachorros, aunque no sean más que un par, tengo que salir a reclutar a un pequeño ejército en mis grupos de WhatsApp solo con tal de garantizar el cuidado de esos dos perritos diminutos que tanta atención requieren.

Aunque pueda parecer contraintuitivo para alguien que ama a los perros como yo, la misión principal de ayudarlos implicaba, sin lugar a dudas, tener como prioridad absoluta evitar que nacieran la mayor cantidad de cachorros posible. Dar de comer a los perros estaba bien como comienzo, pero era solo la punta del iceberg. Hacía falta controlar su población para frenar el ciclo de sufrimiento. En sí mismo, alimentarlos era tan eficaz como intentar tratar un infarto con un esparadrapo.

De hecho, a veces me preguntaba si el hecho de alimentarlos, aunque hubiera surgido de buenas intenciones, no pecaría de ingenuo y estaría agravando la situación. Al fin y al cabo, si les das de comer, los fortaleces y, si están más sanos, es más probable que se reproduzcan.

No hay una respuesta sencilla y los debates son muchos, todos con argumentos válidos. No existe un manual que diga «esta es la mejor manera de resolver la situación de los perros callejeros en Tailandia». Esta situación ya existía décadas antes de mi llegada, y yo sentía que lo único que podía hacer era seguir mi instinto. No podía fingir que esos animales hambrientos no existían, pero también tenía que planificar cómo frenar el ciclo con castraciones para darles más calidad de vida.

Ahora, ¿cuán grande sería el esfuerzo logístico que requeriría? Le di mil vueltas a todo. Castrar a un perro costaría entre 40 y 50 dólares, pero luego habría que sumar los cuidados posoperatorios, que incluyen varios días de medicación después de la cirugía para evitar infecciones y la extracción de los puntos. ¿Sería posible hacerlo de forma masiva? Y, en primer lugar, ¿cómo pensaba atrapar a los perros? Necesitaba saber que era factible. Para tener una mejor idea, hice una especie de prueba piloto: me propuse atrapar a uno de los perros más pequeños y amigables de la selva, el señor Fox.

Su manada la formaban tres perros: el señor Fox, la señora Fox y la tía Fox[7]. Todos tenían el pelo entre marrón y cobrizo, orejas y hocico puntiagudos, y una suerte de sonrisa que les daba un aire lobuno. El señor Fox era el perro más bueno del mundo. Solo había que verlo interactuar con los demás: jamás un atisbo de agresividad. Era el compañero de prácticas perfecto.

---

7. *N. de la T.:* Los nombres originales de estos tres perros son Mr Fox, Mrs Fox y Aunty Fox, respectivamente, donde *Fox* (en inglés, «zorro») hace las veces de su «apellido». Como la grafía original dificulta la lectura en español, se los menciona particularmente por su nombre traducido.

Debo admitir que me encontraba un poco nervioso, preguntándome cómo saldría todo. Pero en cuanto le ofrecí algo de comer, el pequeño señor Fox se me acercó entusiasmado, como interpretando mis buenas intenciones. «Oye, Niall —me lo imaginaba encogiéndose de hombros—, voy a confiar en ti esta vez, colega». Procuré no hacer ningún movimiento brusco y no me fue nada difícil agarrarlo, porque era tranquilo y pequeñito. Se negó a meterse en una caja bastante básica que le había pedido a un amigo, pero no tuvo ningún problema en ir sentado a mi lado mientras yo le daba palmaditas y lo tranquilizaba durante los treinta minutos que tardamos en llegar a la clínica. El coche también me lo había prestado un amigo.

—Tendré que comprarme un todoterreno si voy a seguir haciendo esto...

Fue todo muy rápido: el veterinario se encargó de los testículos del señor Fox rápidamente y, durante la misma operación, le hizo una marca con forma de V en una oreja. Así, si alguien se encontraba al señor Fox más adelante (quizá otro voluntario), sabría que estaba castrado. Sería un gran desperdicio que lo anestesiaran para luego descubrir que ese asunto ya había sido resuelto. Los veterinarios pueden usar distintos símbolos, no siempre una V, pero, en general, cualquier marca pequeña significa lo mismo.

Unas horas después, ya recuperado de la operación, el señor Fox estuvo en condiciones de volver a su lugar en la selva (medicado para evitar posibles infecciones posoperatorias) y me comprometí a llevarlo de vuelta en unos días para que le hicieran un control y le sacaran los puntos.

Por suerte, todo el procedimiento había sido un éxito y, por encima de todo, significaba que el señor Fox no tendría más cachorritos con la señora Fox, la tía Fox o cualquiera de las encantadoras perras de la isla. Habíamos evitado que quizá cientos de cachorritos más hubieran llegado a un mundo que no les deparaba más que penurias. Le ofrecí mucha comida y caricias para compensar el hecho de que le había quitado su fertilidad.

—Perdón amigo —le dije sonriendo—, pero créeme que es por tu bien.

Ahora tenía la tranquilidad de saber que sí era posible capturar a los perros callejeros. La única forma de poder seguir adelante con este trabajo es hacerlo con alegría y armado con una mentalidad positiva. Arreglas el problema que tienes entre manos y enseguida pasas a la siguiente pieza del rompecabezas. Ahora solo me quedaba hacer lo mismo con otros miles de perros... Era un comienzo y un paso importante en la dirección correcta.

~~~~~

A esas alturas, la misión de rescatar a los perros me costaba unos 2 000 dólares al mes en comida, visitas al veterinario y medicamentos. Era una cifra manejable que pagaba de mi bolsillo con gusto, por no hablar de que le dedicaba todo mi tiempo. Estaba haciendo exactamente lo que había pretendido.

Era consciente de que mi plan de castración masiva como solución a gran escala y a largo plazo era ambicioso, y que para lograrlo necesitaba más recursos. Por suerte, me veía bombardeado a diario por mensajes en las redes sociales de personas que habían visto mis publicaciones que me ofrecían dinero en su afán por colaborar. Yo no podía creerme la cantidad de apoyo que recibía. Tengo la sensación de que la gente ama a los perros independientemente de si los tienen a tres pasos de distancia o en la otra punta del mundo. Sentía el respaldo de esa comunidad y sabía que, con su generosidad, su bondad y el amor que compartimos por los perros, podríamos ayudar a muchos más.

Ya desde la primera vez que publiqué algo relacionado con los perros, recibí al menos cincuenta mensajes de personas que querían donar. Me conmovió mucho, pero, antes de poder aceptar donaciones, necesitaba organizar el aspecto logístico y el legal para estar seguro de que todo se hiciera correctamente.

A principios de abril de 2022, ya tenía todo en orden para recibir donaciones de la comunidad en una plataforma en línea y me parecía importante que la gente supiera cómo y en qué se gastaría el dinero: concretamente, en castrar a 50 perros al mes, alimentar a muchos más por día, comprar medicamentos para hacer tratamientos preventivos y llevar a otros perros como Lucky al veterinario.

Expliqué que con 5 dólares podíamos alimentar a diez perros y con 500 dólares podíamos castrar a diez, lo que salvaría la vida de otros cientos de perritos a largo plazo. Solicité 4 000 dólares, pero las donaciones no paraban de llegar y con el paso de una sola semana ya había recaudado 8 000 dólares, de los cuales destiné cada centavo de dólar, libra o euro a la castración de los perros.

A mí me honraba que otras personas depositaran su confianza en mí y en mi criterio para darle uso a su dinero en el proyecto. Fue un gran espaldarazo y me hizo jurarme que honraría mi compromiso, dado que me estaban apoyando con tanta generosidad. No podía defraudar a nadie.

Me compré un todoterreno viejo, bastante machacado, porque no podía seguir pidiendo prestados coches para llevar a los perros al veterinario, y alquilé dos carritos para transportar animales y así poder empezar de inmediato con el programa de castración. No podía perder ni un minuto si quería alcanzar la meta que me había fijado de cincuenta perros al mes. Me sentía rebosante de energía, maravillosamente nervioso, como si fuera mi primer día de clases o la primera vez que ponía el pie en una cocina cuando hacía prácticas para convertirme en chef. Me emocionaba pensar que llevaba quince meses sobrio, que había logrado reconstruir mi vida, y ahora estaba poniendo en marcha un plan de gran importancia.

Como no podía ser de otra manera, Angel fue la primera a la que llevé. No quería que volviera a pasar por una segunda odisea con otra tanda de cachorros. A menos de ocho semanas de su último parto, ya tenía pretendientes, y no podíamos arriesgarnos a que tuviera más crías. La operación salió muy bien y un amigo veterinario me enseñó a sacar los puntos posoperatorios con un cortaúñas. Fue un consejo muy útil, porque implicaba menos idas al veterinario y más tiempo para ayudar a los perros. Nunca faltaban aquellos que necesitaran ayuda.

Al momento de escribir este libro, ya he hecho castrar a 350 perros desde principios de abril de 2022, y con la ayuda de algunos grandes socios y de las donaciones, estoy llegando a los cincuenta por mes. Pero es agotador, y a veces parece no tener fin.

Cuando empiezan a aparecer los cachorros y encuentras cincuenta en un solo día, digamos que la frustración puede ser muy grande… Pero después la generosidad de alguien te devuelve la fe en la humanidad. Ejemplo de ello es un nuevo amigo que hice aquí, Chris, un chico joven que va en silla de ruedas. Él veía que me estaba costando capturar a los perros para castrarlos; y es que nunca es fácil, porque los perros callejeros desconfían de dónde los estarás llevando.

Después de dos horas de intentos fallidos sin haber podido atrapar a un solo perro, un niño me hizo señas para que me acercara. Dijo que tenía perros y nos llevó a recorrer el campamento de los trabajadores migrantes, acercándose con la silla de ruedas a diferentes grupos de perros que parecían conocerlo. Nos ayudó a agarrar hasta siete perros en veinte minutos, todo con una sonrisa y ganas de colaborar. No quiso nada a cambio de su tiempo, se contentaba con poder haber ayudado, pero eso no me impidió ponerle unos vales en la mano para que pudiera ir a comprarse unas golosinas. Cuando volví al vehículo, descubrí que alguien me había dejado amablemente unas cebollas de regalo. Personas como esas son las que me mantienen el ánimo a flote cuando lo necesito.

En general, a los niños se les da muy bien tranquilizar a los perros y ayudarnos a capturarlos. Los perros confían en ellos, son sus amigos. Me hizo pensar en cómo la inocencia de un niño y un cachorro se pierden con los años por culpa de la cruda realidad de la vida. Los niños y los cachorros son tan puros... Solemos ser los adultos los que los corrompemos.

Sé que, en términos estrictamente logísticos, lo mejor sería enfocarme solo en la castración en lugar de la montaña de otras tareas de las que me hago cargo, como organizar las raciones de comida de 800 perros, cuidar a los que están enfermos y rescatar a los cachorros. Pero luego, encima de toda la montaña de trabajo, me llega un mensaje al teléfono: «Ya sé que estás hasta arriba y súper cansado, Niall, pero tenemos un problema...».

Aunque agradezco que haya gente que se preocupa por los perros, cuesta no derrumbarse un poco al recibir esos mensajes... *¿Más cachorros? No puede ser...* Pero hace falta tener el corazón de hielo para escuchar a un cachorrito asustado y lloriqueando que busca a su mamá y no sentir que tienes que hacer algo.

Es muy difícil ponerle freno a la aparición de más perros; es un problema de gran magnitud con muchos frentes que deben ser atendidos con urgencia. Pero no me puedo desentender. Tengo que ofrecerles un lugar seguro, alimentarlos y vacunarlos (y castrarlos cuando alcanzan la edad necesaria) para permitirles tener una vida mejor. Encontrarles un hogar parece imposible, pero es lo que hace falta.

Una cosa que *sí* aprendí es no intentar capturar perros para castrar cuando hay mal tiempo. En primer lugar, todos los perros se esconden cuando llueve; y, en segundo lugar, todo el proceso se ralentiza porque hay más tránsito, tenemos que ir secando a los voluntarios, etcétera. Ahora sé que lo primero que tengo que hacer cada mañana es mirar el pronóstico del tiempo.

Algo que suelen preguntarme es si alguna vez me ha mordido un perro. Hasta hace poco, un año desde que empecé, solía responder que «no» con cierta suficiencia. Pero quizá era inevitable que tarde o temprano me pasara. Ocurrió un día en el que estaba intentando atrapar a un perro para castrarlo y creo que me confié demasiado.

Había un perro blanco bastante grande, un cruce con algo de *retriever* o quizá de pastor alemán. El pobre estaba bastante nervioso y yo *creí* que estaba sedado y que, por ende, no era peligroso. Compramos pastillas para sedar a los perros en la clínica veterinaria. Usar sedantes suele ser una necesidad, pero también puede tener sus riesgos, porque nunca estás seguro de si acertaste con la dosis. El asunto fue que yo pensaba que el perro estaba dormido y me acerqué por atrás para agarrarlo y llevármelo al veterinario. ¡Pésima decisión! Solo se encontraba un poco adormecido, de modo que, como es natural, se asustó mucho con mi movimiento repentino.

Fue un error tonto. El perro enseguida me atrapó el brazo con fuerza con sus fauces y yo me desplomé como si me hubieran disparado, gritando como un bebé.

Sabía que, con los mordiscos, es crucial iniciar el tratamiento de inmediato. Así que alguien me llevó con urgencia al mismo hospital privado donde había estado en la UCI dos años antes. Me limpiaron la herida, me dieron un par de puntos y unas inyecciones contra la rabia (aunque no hay rabia en la isla, era lo lógico) y contra el tétanos, además de antibióticos.

No dejé que ese episodio me frenara, y mucho menos que me desmoralizara. La gente fue muy amable conmigo y enseguida se ofrecieron a ayudarme; incluso personas que jamás le habían dado de comer a un perro me dijeron que iban a sumarse a las rondas para echarme una mano mientras me recuperaba.

No niego que ese mordisco resultara un contratiempo, sin embargo, al final de ese día, había conseguido que otros seis perros fueran castrados, vacunados y retirados de la peligrosa carretera de doble sentido donde vivían. Tampoco considero que el perro tuviera culpa alguna: él se asustó y reaccionó por instinto. Incluso le llevé unas salchichas al día siguiente para mostrarle que no le guardaba rencor.

9

¿A QUIÉN TE LLEVAS CUANDO NO PUEDES LLEVÁRTELOS A TODOS?

Jumbo era un perro callejero ya bastante entrado en años. Vivía solo bajo un puesto de comida ambulante en una carretera muy transitada y estaba infestado de pulgas y garrapatas, como la mayoría. Las malditas garrapatas se meten detrás de las orejas, entre las almohadillas de las patas y en cualquier lugar del cuerpo donde encuentren calor. Son repugnantes y tremendamente molestas para los perros. Pero, con una medicación suministrada al perro por vía oral, normalmente pueden ser eliminadas en un periodo de 24 horas.

Jumbo también tenía las patas inflamadas como globos. Hicimos un par de consultas al veterinario, le pusieron un talco antipulgas, le dieron medicación antiinflamatoria, un baño para limpiarlo y unas cuantas raciones de comida sabrosa, y a los siete días parecía otro perro.

Jumbo tenía algunos problemas en los riñones que iban a necesitar tratamiento, pero, cuando estuvo mejor de las patas, decidí regalarle un día de playa con Snoop. Mi idea era que el agua salada quizá podría reducir la inflamación de las patas, pero, para mi sorpresa, Jumbo se quedó sentado muy tranquilo en la orilla, mirando cómo Snoop se metía felizmente en el agua. Los dos se llevaron tan bien que al poco tiempo se habían vuelto inseparables y dormían acurrucados.

Viendo que Jumbo ya era un perro viejo, con sus más de diez años, y lo mucho que había mejorado su vida en esa semana conmigo, supe que no sería capaz de devolverlo a la calle.

Por otra parte, me había enterado por los vecinos de que Jumbo había vivido con una familia extranjera que lo dejó abandonado cuando se declaró la pandemia de COVID y ellos se fueron del país.

(Lo sé: ¿cómo pudieron haberlo abandonado así? Pero no tenemos forma de saber cuáles serían las circunstancias de esa familia). El pobre Jumbo llevaba dos años como vagabundo, lo cual me parecía un destino particularmente cruel para él, que sí había llegado a conocer una vida mejor, tan distinta de la crueldad de la calle a la que tuvo que acostumbrarse.

Jumbo estaba tan agradecido por haber recuperado esa comodidad que decidí que podría disfrutar el resto de sus días tranquilo conmigo y Snoop. Lo había conocido cuando se hallaba en el otoño de su vida y quería regalarle unos buenos momentos después de tanta lucha, así que Snoop y yo lo recibimos con los brazos abiertos.

Pero Jumbo era un único perro. Había muchísimos más ahí fuera que sufrían carencias. Donatella, por ejemplo, una hermosa perra callejera blanca y muy tranquila que encontramos en mal estado al otro lado de la isla, en una gasolinera. Sus partes íntimas estaban terriblemente infectadas (pobrecita, cuánto le habrá dolido), tenía muchas heridas abiertas y estaba tan débil que casi no podía ni incorporarse. Pude ayudarla un poco por mi cuenta, después la llevé al veterinario, le di de comer y la encaminé hacia la recuperación con inyecciones y medicamentos. Pero ella seguía estando a 15 kilómetros de distancia de donde yo vivía y en la calle. Una persona de Inglaterra se ofreció a adoptarla, pero aun así no había dónde hospedarla mientras se recuperaba. No era precisamente la situación ideal para Donatella.

Seguramente piensas: ¿y por qué no te la llevaste a tu casa, Niall? Créeme, esa pregunta me ronda la cabeza todo el tiempo y no puedo permitirme tomármela a la ligera. «¿A quién me llevo a casa?». Es una decisión de lo más difícil cuando hay tantos animales que necesitan ayuda, algo que me quita el sueño y me provoca ansiedad. La respuesta a la que tú llegarías, si estuvieras aquí conmigo y con los perros, sería diferente de la mía. La realidad es que probablemente no haya una respuesta correcta a semejante dilema.

Aunque me hubiera encantado, yo sentía que llevarme perros a casa retrasaría mi objetivo a largo plazo y que la manera más lógica de ocupar mi tiempo era estando ahí fuera, trabajando, tratando de encontrar más soluciones que se pudieran aplicar a gran escala. Por supuesto que podría llevarme a veinte perros al día a mi casa, pero eso no resolvería nada. Sería razonable pensar en priorizar a los cachorros que necesitan ayuda, pero si haces eso, ¿con qué cara justificarías abandonar a su suerte a los perros que te encontraras heridos? Y cuando encuentras a un perro que ha sufrido un ataque, ¿lo estás mandando a una muerte segura si después de alimentarlo y tratar sus heridas lo devuelves a la calle sin más? Es todo un dilema.

El panorama aquí en la isla cambia todos los días. A cada hora surgen nuevos problemas con los perros. Recibes una llamada de un turista que vio a un perro herido o un mensaje de un voluntario preocupado que vio a otro que está en muy mal estado y morirá sin atención veterinaria. Yo quiero ayudar a tantos como pueda y, a veces, eso implica sencillamente mejorar su estado de salud todo lo posible antes de devolverlos a la calle.

Hay muchas personas de Estados Unidos, Inglaterra o Irlanda que se ofrecen a llevarse a un perro y darle un hogar, lo cual es maravilloso y agradezco enormemente. Se puede hacer, pero es un proceso largo, y sacar a cada perro de su entorno de origen es poco práctico.

La solución a la que siempre acabo volviendo es castrar a tantos como pueda y luego ir apagando incendios. No es perfecta, y a menudo supone la diferencia entre la vida y la muerte para un perro, pero, en esencia, ese es el razonamiento que tengo que explicar cuando alguien me pregunta: «¿Y por qué no te llevas tú al perro?».

No siempre lo tengo todo tan claro y, sinceramente, sigue habiendo días oscuros en los que la depresión hace de las suyas y me cuestiono absolutamente cada decisión, pero en términos generales me voy a dormir pensando que estoy intentando hacerlo lo mejor que puedo.

Lo que toda esta angustia me ayudó a entender fue que mi próxima prioridad debía ser hallar un lugar en el que albergar a perros como Jumbo y Donatella. Quería que cada animal encontrara su hogar permanente, idealmente con una familia que le diera amor, pero era consciente de que eso llevaría mucho tiempo y ni siquiera sabía si sería verdaderamente posible.

Así pues, llegué a la conclusión de que necesitaba crear un lugar seguro donde los perros pudieran quedarse mientras se recuperaban de una enfermedad o de la cirugía de la castración, y que pudiera hacer las veces de una suerte de residencia para perros mayores donde los más viejos pudieran pasar sus últimos días sin estar infestados de parásitos ni tener que andar sufriendo para conseguir comida.

Sabía que necesitaba alquilar o comprar una finca y luego construir espacios para los perros. Los malabares que hacía para ir con mi todoterreno, mi moto, a mi apartamento se habían vuelto inviables. Malgastaba mucho tiempo llevando a animales enfermos de aquí para allá y luego teniendo que devolverlos a las calles, de vuelta a sus precarias circunstancias. Además, estaba gastándome una pequeña fortuna en la estancia de los perros en la clínica veterinaria y en varios otros lugares que había que pagar. La única salida lógica era hallar un terreno y construir un lugar donde los perros más enfermos y necesitados pudieran recuperarse de forma segura. Necesitaba un espacio físico, pero tenía que encontrar el lugar adecuado.

Durante varias semanas estuve visualizando cómo sería, pensando en algo así como un nirvana perruno. Visualizaba las cosas para mantenerme motivado, pero había llegado la hora de dejar de darle vueltas a la cabeza y ponerme las pilas de una vez. Para aclararme un poco el panorama, hice una lista de todo lo bueno que seríamos capaces de hacer en un lugar así. Escribir mis planes y compartirlos con la gente en mi boletín electrónico o en mis redes sociales es una práctica que me ayuda: siento que asumo la responsabilidad de mis acciones. Si los planes están escritos y todo el mundo los conoce, no me queda otra alternativa que llevarlos a cabo, por difíciles que me parezcan.

Así que una tarde abrí mi portátil y escribí exactamente por qué necesitaba un lugar adecuado. Un terreno especial donde:

- Los perros puedan recuperarse después de un procedimiento quirúrgico o de enfermedades.
- Podamos preparar comida más saludable para los perros y en grandes cantidades.
- Les mostremos los perros a los visitantes (con la idea de encontrarles un nuevo hogar).
- Podamos castrar a los perros.
- Los perros puedan ser adoptados.
- Se pueda educar a la gente sobre los perros.

Esto era lo que visualizaba: camionetas yendo y viniendo para llevarse la comida que habíamos preparado, voluntarios que paseaban a los perros por la selva, gente feliz tomando fotos, una familia que adoptaba a un perro, un grupo de estudiantes que aprendían sobre los animales. Y, por encima de todo, imaginaba a perritos como Donatella y tantos otros que necesitaban ayuda recuperándose en un lugar mucho más seguro.

Después de preparar la lista y pensar en lo que necesitaba, lo más sensato que podía hacer era empezar a moverme ya: esa misma semana programé algunas reuniones para empezar a ver terrenos.

Corría mayo de 2022 y mi vida estaba dedicada por completo a los perros. Teniendo en cuenta que había comenzado a dar de comer a los primeros veinte perros y conocido a Lucky en enero de ese mismo año, mi nueva misión vital se había apoderado por completo de mi vida y mis pensamientos en unos pocos meses. Pero nunca me ha faltado tesón en los momentos importantes y, cuando me echo a andar, me cuesta parar. Esta obsesión adquirida por hacer algo que valiera la pena me recordaba a ese niño resuelto que era yo en Bélgica, el que practicaba los movimientos de fútbol una, otra y otra vez hasta que mejoraba. Solo que ahora, a los 42 años, tenía mucha vida recorrida y muchas lecciones importantes aprendidas.

El inicio de este proyecto fue relativamente fácil durante los primeros tres meses. En poco tiempo pasamos a alimentar a ochenta perros al día, a castrar a veinticuatro, a encontrarles un nuevo hogar a tres y a curar a otros tantos que estaban muy enfermos.

Me era imposible dejar de lado mi mentalidad empresarial, y era esta la que me guiaba. Había tenido lo que se suele llamar «un crecimiento inicial sostenido» (lo cual es positivo, que conste, aunque suena bastante cómico cuando se refiere a los perros). Sin embargo, todavía hablando en términos empresariales, en mayo llegué al lugar que llaman «el lío del punto medio». Es la parte de cualquier proyecto que parece difícil una vez la alcanzas, el punto en el que dejas de ver una salida, aunque sientes que para dar con ella solo necesitas encontrar el camino correcto.

Dicho de forma más sencilla y sin toda la jerga empresarial: mis días eran interminables. Y yo sabía que necesitaba cambiar algo antes de saturarme mentalmente y no poder cumplir el plan a gran escala que sentía que podía alcanzar.

Así era un día típico (aunque, en realidad, eso no existe en este tipo de trabajo) con unos doce cachorros o emergencias:

- 6:00. Me levanto para darles de comer y pasear a Snoop y Jumbo.
- 6:30. Voy a comprar provisiones.
- De 7:00 a 8:00. Doy de comer a ochenta perros.

- De 8:00 a 9:30. Encuentro y capturo a un par de perros y los llevo al veterinario para castrarlos.
- De 9:30 a 10:30. Desayuno y respondo mensajes (recibía MUCHOS y, en esos primeros meses, intenté responder todos los que podía).
- De 10:30 a 12:00. Hago un seguimiento de los perros enfermos, voy al veterinario y reparto medicamentos.
- De 12:00 a 13:00. Almuerzo y hago las primeras publicaciones en redes sociales (lleva tiempo editarlas y publicarlas, pero en Estados Unidos, Reino Unido e Irlanda existe un interés genuino por los perros y por saber cómo están, lo que me conecta con la comunidad amante de los perros. Estoy en Instagram, en Twitter y subo vídeos a YouTube para educar a los niños sobre el trabajo que hago, porque algunos todavía no tienen permitido usar redes sociales. Planeo empezar a publicar en tailandés para la gente de aquí, pero paso a paso…).
- De 13:00 a 14:30. Teóricamente, este es mi rato libre. (trato de sentarme en una cafetería y me como unos pastelitos con un café, mis placeres culpables. Sé que comer eso no es saludable, pero dejé el alcohol, las drogas, las apuestas y los cigarrillos, así que supongo que me merezco algún capricho a modo de empujoncito).
- De 14:30 a 16:00. Busco a los perros ya castrados y los devuelvo.
- De 16:00 a 17:00. Doy una caminata y juego con Snoop y Jumbo.
- De 17:00 a 18:00. Hago la segunda ronda para darles de comer a los cachorros y los perros enfermos.
- De 18:00 a 19:00. Ceno y hago una segunda tanda de publicaciones en redes. (últimamente me está costando responder a los mensajes, pero espero que mis boletines electrónicos

muestren a grandes rasgos lo que estoy haciendo y cómo pienso ayudar a más perros cuanto antes. ME ENCANTA leer lo que tienen que decir mis lectores, me da fuerza para seguir, ¡así que, por favor, seguid comunicándoos conmigo!).

- De 19:00 en adelante. Supuestamente, es cuando trato de trabajar en el plan a gran escala.

Este «día típico» varía según si estamos en plena temporada de cachorros o si surge alguna crisis. No llevo perros a castrar todos los días, pero siempre estoy buscando más perros y, como te imaginarás, coordinarse es un gran desafío logístico.

Tomar decisiones de vida o muerte a veces nos supone una gran carga emocional, tanto a mí como a otros voluntarios, y hace mella en nuestra salud mental. Intento combatirlo con ejercicio o una sesión de masaje si me queda media hora libre, todo con tal de no quemarme. Lo cierto es que desde que dejé el alcohol siento que tengo mucha más energía, gracias a Dios.

No hay que ser un genio para ver por qué mi vida amorosa está en un punto muerto… no me queda mucho tiempo para las citas. En el fondo sé que mis relaciones fracasaron por mis problemas con la bebida y con el compromiso, pero también sé que es frecuente que las personas que no quieren salir heridas a menudo se excusen en el trabajo para no volver a arriesgarse.

Pero en este caso, mi carga de trabajo no es una excusa, es una realidad. El que llevo ahora es un ritmo muy intenso. Y lo vivo con mucha felicidad. Estoy totalmente abierto a la posibilidad de conocer a alguien en algún momento, pero no se encuentra entre mis prioridades. Al menos, ahora no. Nadie en su sano juicio tendría interés alguno en estar conmigo y con todas las ansiedades y preocupaciones sobre los perros que llevo encima. Una novia no me vería durante 23 de las 24 horas del día, y un hombre que huele a perro y va vestido de cualquier manera, que se pasa el día llevando pienso en moto, no es precisamente un gran partido.

En resumen, mantener una relación está muy fuera de mi alcance en este momento, punto. He tenido que rehacerme a mí mismo desde cero y, en la actualidad, solo puedo pensar en cómo sacar adelante el proyecto que tenemos entre manos.

Tengo que aceptar que, hoy por hoy, las únicas damas que ocupan un lugar especial en mi corazón son las de cuatro patas. ¿Quién sabe? Algún día quizá encuentre a alguien que quiera subirse a este tren, pero mi prioridad no es encontrar a esa persona. Mi prioridad son los perros.

Me gustaría aclarar que no me estoy quejando en absoluto. Para mí es todo un privilegio poder estar aquí, en este paraíso tropical, rodeado de perros. Soy muy feliz y estoy satisfecho como nunca antes. Aunque eso no cambia que llegue a casa agotado cada noche. Me reprocho no haber hecho algunas cosas un poco más rápido, pero sigo estando hasta arriba con las emergencias de los perros. Es fácil decir que vas a enfocarte en los planes a gran escala, pero luego te encuentras con cuatro cachorros sin madre y tienes que dar un volantazo y cambiar de planes.

Vivo pensando en todo lo que haré a partir de las 19:00 para que esos planes a gran escala se hagan realidad, pero por lo general acabo tan cansado después de todo el caos del día que suelo quedarme delante del ordenador con la mirada perdida y la mente en blanco, y para cuando dan las 20:30, ya necesito irme a dormir.

Cada vez que me siento a cenar, me pongo a leer los mensajes que me han dejado y me impresiona todo el apoyo que recibo. Probablemente, este sería un proyecto bastante solitario si no fuera por las redes sociales y las personas que me animan a seguir. Al igual que me ocurre con los perros, siento que no quiero decepcionar a todos los que me apoyan. Ese compromiso reafirma mi vida lejos del alcohol y otros vicios. Si empezara a beber de nuevo, ¿quién cuidaría a todos los perros y haría vídeos para sacarle una sonrisa a la gente? El mundo seguiría adelante, por supuesto, pero me gusta aferrarme a esa idea como motor. Y si puedo inspirar a alguien a que los trate bien, sea donde sea que viva, seré feliz.

10

NO EXISTE AMOR MÁS GRANDE QUE EL DE UNA MADRE

Beyoncé vivía en la selva de Koh Samui y me la crucé una mañana del mes de abril de 2022 junto con otras dos hembras, todas hambrientas, preciosas y feroces. Y no quiero decir «feroces» en el sentido de agresivas, nada más lejos de la realidad, sino en el sentido de que eran tres perras altaneras y seguras, que me recordaban a un trío de cantantes. Por eso las llamé Destiny's Child, aunque para mí la que destacaba por encima de las demás siempre era Beyoncé.

El pelaje de Beyoncé era de lo más suave, pero qué flaca estaba la pobre. Ya sé que no hay perros callejeros gordos, pero ella era todo piel y hueso. Se le notaban todas las costillas e incluso parecía demacrada. Se veía que no era una perra vieja, aunque no tenía mucha fuerza. Eso sí, era increíblemente inteligente. En cuanto entendió cuál era mi rutina, se aparecía al trote todos los días a las 7:00, con la frente en alto, los ojos en alerta y el hocico olisqueando sin descanso en busca de comida. Es más, cuando le ponía el pienso delante, lo devoraba en tiempo récord y luego me miraba con sus enormes ojos marrones, rogándome que le diera otra ración, como Oliver Twist.

No exagero. Comía cuatro veces la cantidad de otros perros. A mí me parecía algo excesivo, pero lo suyo no parecía gula, sino una necesidad real de comida. Mi intuición me decía que no debía negársela, porque había algo apremiante en su hambre. Al principio yo no sabía mucho sobre perros, pero sí noté que Beyoncé tenía las ubres bastante inflamadas, señal de que había parido hacía poco.

He aprendido mucho sobre los animales a estas alturas y, con solo mirarla, podría decir que la perra estaba amamantando cachorros. Pero en aquel momento no sabía tanto. Y no había encontrado ni una sola señal de la existencia de sus crías: pregunté a los vecinos y ni ellos ni otros voluntarios las habían visto jamás. Tratamos de seguir a Beyoncé a la selva una vez para ver si podíamos encontrarlos y ayudarlos, pero no hubo suerte.

Lo que suele pasar, según me enseñaron los lugareños, es que la gente abandona a las perras apenas dan a luz. No es raro que envenenen a los cachorros y dejen abandonada a su mamá en la selva. Nos guiamos por esta suposición de que los pobres cachorritos de Beyoncé habían muerto y ella se había visto obligada a sobrevivir por su cuenta. Por supuesto, me daba mucha pena. ¿Qué podía ser más terrible para ella que haber perdido a sus bebés y que la hubieran dejado sola aquí? Enseguida creamos un buen vínculo entre nosotros. Al igual que había ocurrido con Lucky, Beyoncé, con toda su sabiduría callejera, también distinguía el sonido de la moto y venía corriendo a buscar comida. Yo quería que aumentara de peso, así que le traía carne enlatada, que es bastante cara. Mientras que cualquier otro perro callejero se comería el contenido de la lata y se quedaría satisfecho (no tienen el estómago tan grande porque están acostumbrados a comer esporádicamente), juro por Dios que Beyoncé engullía hasta cuatro latas. Comía tanto que no me daban las manos para llevarle más.

—Dios santo, ¿qué le pasa a esta perra que tiene tanta hambre?

Después de devorar la comida, se iba corriendo.

Uno de mis amigos creía haber visto a unos cachorros, pero pasaron ocho semanas y Beyoncé mantuvo la misma rutina: venía famélica, comía, se marchaba, y ni rastro de cachorros. Un día apareció con señales evidentes de que había sido atacada por otro perro. Tenía una herida bastante fea en la pata. Le habían dado un buen mordisco.

Antes de conocer a Beyoncé, nunca me había sentido con confianza para curar a un perro herido. Le limpié la herida, se la desinfecté y le di unos antibióticos de amplio espectro. Parecía una jugada arriesgada hacer eso ahí junto a la carretera, pero pude curarla. Lo sentí como un gran logro y me alegró mucho que ella confiara en mí. Me miró fijamente con los ojos bien abiertos y pareció darme las gracias por hacer que se sintiera mejor. Luego se fue volando.

Pasaron unos días y, ya en julio, con mi amiga Elena estábamos haciendo un vídeo divertido sobre una cena especial que les estábamos preparando a los perros (intento no reducir la frecuencia de las publicaciones para que sigan llegando las tan necesarias donaciones); me di la vuelta ¡y ahí estaban Beyoncé y sus seis cachorritos! No podía creerlo. Sí existían y no habían sido envenenados. Beyoncé, esa madre fabulosa y protectora, los había mantenido ocultos en una choza abandonada. Había percibido que el mundo era demasiado peligroso para los cachorritos no queridos, así que había mantenido a su familia lejos de todo y de todos.

Les preguntamos a los veterinarios qué podría haber pasado, y su teoría fue que, cada vez que Beyoncé había acudido a nosotros y engullido una cantidad enorme de comida, luego había vuelto a la choza donde se refugiaba y regurgitado la comida para que sus bebés se la comieran y sobrevivieran. También los había amamantado para mantenerlos con vida y sanos. Con razón estaba raquítica. Lo había sacrificado todo, en un sentido literal, para que sus perritos sobrevivieran, aunque eso significara casi morirse de hambre ella misma.

Yo estaba fascinado por su integridad y por el poder de su instinto maternal. ¡Qué alegría fue ver a esos seis cachorritos casi idénticos trotando contentos detrás de su madre! Con un hermoso pelaje de color caramelo y el hocico negro, eran las miniaturas más adorables de Beyoncé que te pudieras imaginar. Tenían unas 12 semanas de vida y estaban sorprendentemente sanos y fuertes.

Por supuesto, tenían las orejas terriblemente infestadas de garrapatas (hablamos de cientos) y pulgas, pero eso era fácil de resolver.

Beyoncé se había encargado de la parte más dura del trabajo, protegiendo a sus cachorros para que sobrevivieran y siguieran creciendo. Ni siquiera se les veía malnutridos.

Allí, de pie y en fila junto a la carretera, Beyoncé y sus seis cachorritos hacían su debut en la vida pública. Ella parecía satisfecha con su trabajo de mamá protectora, y me sentí honrado por el hecho de que confiara tanto en mí como para presentarme a sus tesoritos.

Antes de empezar con esta misión, ni me imaginaba el impacto que podía llegar a tener en mí un perro callejero. Pero el amor y la pura fortaleza que había demostrado Beyoncé, cuidando ella sola a todos sus cachorritos durante esos tres meses, me conmovió hasta las lágrimas. Y me enorgullecía que me hubiera elegido para ayudarla. A veces me miraba fijamente y parecía decirme: «Niall, he conseguido que llegaran hasta aquí, ¿puedes ayudarnos ahora, por favor?».

Por supuesto que fue todo un honor echarle una mano a esa madre tan valiente y a sus adorados cachorritos. Lo primero que hice fue limpiarlos a todos. Ya sabía aplicar un medicamento que elimina las garrapatas de las orejas en 24 horas. Los llené de talco antipulgas, que las hace huir, y les di un buen baño con champú para perros.

Beyoncé los traía a todos a la hora de la comida, y en poco tiempo empezó a subir de peso, igual que sus cachorros. ¡Me imagino que, comparado con la comida vomitada de su madre, todo les sabría a gloria!

Los vacuné contra todo tipo de enfermedades y, en cuanto tuvieron la edad suficiente, pude castrarlos a todos también. Fueron unos 500 dólares en total, pero valía la pena darles un buen futuro. Llevar a cada uno al veterinario para la castración fue lo más conmovedor del mundo. Beyoncé me miraba con ojos casi llorosos mientras les ponía los collares y me los llevaba. Me los llevaba de dos en dos por la mañana y, cuando volvía a las 17:00 después de la operación, Beyoncé estaba esperando junto a la carretera para que le devolviera a sus cachorros. Los lamía para darles la bienvenida y los olfateaba para verificar que estuvieran bien. Esta perra estaba literalmente obsesionada con el bienestar de sus cachorros y me los confiaba por completo. Esperaba con mucha paciencia mi regreso en el todoterreno, porque sabía que se los traería de vuelta.

Yo amaba a todos esos perros. A dos seguimos llamándolos simplemente «los cachorritos de Beyoncé». Luego estaban Hoover, Henry y Dyson[8], que aspiraban todo lo que les ponías delante, y al macho más guapetón de la camada le pusimos Ryan Gosling. Jamás había visto un perro más bonito en mi vida; cuando lo veías ahí de pie con su refulgente collar anaranjado, no tenía nada que envidiarle al galán hollywoodense.

Hoy son una familia encantadora. Los pequeños, que han sido criados por una madre que los adora, tienen unos modales asombrosos para ser perros callejeros: comparten la comida sin problemas, son respetuosos y nunca se muerden entre ellos. Beyoncé los ha criado de forma intachable.

No me preocupa que vayan a vivir en la calle. Cuando los veo sanos y felices, sé que, al haberlos vacunado y castrado a todos, incluida Beyoncé, evité que nacieran otros treinta o cuarenta cachorros que tendrían que luchar para sobrevivir. A ellos se los ve tan sanos y bien cuidados como a cualquier perro con dueño. Gracias al amor de su madre y a una pequeña ayudita mía, habían salido adelante contra todo pronóstico.

Fue un verdadero logro, y el carácter y la conducta maternal de Beyoncé me inspiró muchísimo amor y respeto por todas esas madres que, con tanta entrega, crían a sus hijos. Me quito el sombrero.

---

8. *N. de la T.:* Hoover, Henry y Dyson son marcas de aspiradoras.

11

NO TODOS LOS PERROS SE HACEN QUERER

Si me preguntaran a qué perro me costó más rescatar, no dudaría en responder: a Britney. Y no hablo solo de la parte inicial, que de por sí me generó muchísima ansiedad, sino también por todo el tiempo que lleva Britney conmigo. Ha puesto a prueba mi paciencia muchas veces. Hay días en los que la insulto, otros días en los que la tengo que perseguir por todas partes, y no hay día en el que no tenga que dedicarle una cantidad de paciencia y tiempo que no siempre me sobra.

Pero sé que ese comportamiento difícil es la consecuencia del terrible maltrato que sufrió cuando era más joven. Por eso he intentado demostrarle a diario que no todo en este mundo representa una amenaza. También es el motivo por el que le puse Britney Spears, porque ella ha exhibido en repetidas ocasiones las cicatrices que le causaron la manipulación y el maltrato de su gente más cercana.

A decir verdad, nunca supe cuánto podría ayudar a Britney en realidad, así que ahora que la veo jugar e interactuar con otros perros, me permito sentir un poco de orgullo. Llegar hasta este punto ha sido un viaje bastante duro, así que voy a contar cómo empezó…

Cuando la conocí, Britney estaba en las condiciones más precarias y horribles que había visto desde que empecé a trabajar con animales. Primero me llamó Terri, que tiene un talento especial para encontrar perros en la selva. Había dado con una hembra abandonada que tenía cinco cachorritos. Se había acercado a esa mamá (a quien más tarde puse el nombre de Britney) y la perra la había mordido, así que me llamó para ver qué podía hacer yo. Fui hasta allí, en mitad de la selva, y me encontré con una escena tan desgarradora como aterradora.

Britney tenía la complexión de un *pitbull*: pelaje negro y canela, con algunas manchas blancas y un cuerpo muy musculoso. Y tenía una cadena con candado en torno al cuello. Sospecho que era una perra de pelea y por eso la tenían atada a una cadena corta. Entrecerró los ojos, mirándome con desconfianza por lo que pudiera hacer, y su mirada se volvía fulminante si me acercaba demasiado a sus cachorros.

Los pequeñines se parecían más a un *terrier* y tenían el pelo corto y suave, entre blanco, negro y marrón. Todos se me acercaron corriendo y ladrando con vocecitas chillonas, aparentemente con ganas de que nos conociéramos, pero, en cuanto me acerqué a Britney, me empezó a ladrar con mucha agresividad: me miraba enfurecida y me mostraba los dientes, lista para atacar. Dejé pasar unos minutos y pensé que quizá con un palo largo podía contenerla y llegar hasta los cachorros para dejarles agua y comida.

Detestaba la idea de blandirle un palo a un animal, había algo en mi naturaleza que se oponía a ello, y jamás lo habría usado excepto para defenderme, pero no se me ocurría nada mejor para poder acercarme. Además, las señales eran claras: esa madre protectora mordería sin vacilar y con toda su furia a cualquiera con tal de proteger a sus cachorros.

Con el palo en la mano por si acaso, ese mismo día volví varias veces para alimentarlos a todos y tratar de ganarme su confianza. Era obvio que lograr eso con Britney no iba a ser para nada fácil, y ni hablar de formar un vínculo con ella. Seguía queriendo atacarme, me gruñía y me mostraba los colmillos a pesar de que yo tuviera el palo como protección. Ahora imaginadme a mí dando brincos como un loco para evitar las dentelladas de la perra, saltando en una mezcla de *breakdance* y danza Morris.

Habría sido una imagen bastante cómica si no hubieran estado en juego mis extremidades. No quiero ni pensar en qué podría haberme pasado sin el palo, y tuve que agitarlo bastante fuerte unas cuantas veces para protegerme. Sin embargo, cuando, con mucho cuidado, logré acercarme un poco, me di cuenta de que los cachorros no estaban bien. En las orejas tenían decenas y decenas de garrapatas parasitarias, todas hinchadas con la sangre de los pobres cachorritos, hasta llegar a parecer guijarros brillantes adheridos a su piel. Me acerqué un poco más y vi que no solo estaban en las orejas: tenían garrapatas por todo el cuerpo, incluso entre las almohadillas y los dedos. En mi mente, el problema había cobrado otra magnitud. Ahora que sabía que esos cachorros estaban sufriendo, que les dolía de verdad, sentí que, si de verdad estaba comprometido con la misión de ayudar a los perros de Tailandia, tenía que encontrar la manera de quitar a Britney de en medio para ayudar a los cachorros.

Durante los días siguientes, mi amiga Lana y yo ideamos un sistema para alejar a los cachorros de Britney uno a uno, subirlos al asiento trasero del todoterreno y darles un medicamento contra las garrapatas. Estábamos literalmente atrincherados en el todoterreno como si fuera una fortaleza, porque era la única forma de asegurarnos de que Britney no nos atacara. Parecía arriesgado: Britney seguía sin fiarse una pizca de nosotros y percibíamos que nos hincaría el diente con todo el gusto del mundo si tenía la oportunidad. Pero los cachorritos estaban tan enfermos que no había otra opción.

Con la ayuda de Lana pudimos agarrar a un cachorro cada uno, así que pude darles un poco de medicación y los limpié con un talco especial. La medicación empezó a hacer efecto a las 24 horas y vi que las garrapatas habían empezado a caerse, toda una victoria. Además, conseguí unos comprimidos antipulgas para Britney. Quería que se los tomara, pero si se los arrojaba había una buena probabilidad de que los cachorritos se los comieran, y eso los pondría muy enfermos. Así que, con mucha paciencia, me las tuve que apañar para aislar a Britney del grupo y, en un increíble golpe de suerte que bien podría haberse debido a lo famélica que estaba la perra, se zampó la comida en la que había colado los comprimidos sin problema alguno.

Era innegable que haber logrado proporcionarles esos cuidados básicos y comida durante cuatro o cinco días había sido un gran avance, pero también sabía que esa camada de perros se encontraba en un terreno público, cerca de un conjunto de viviendas, y había muchas probabilidades de que los residentes los consideraran un incordio o un peligro y los envenenaran, les dispararan o se deshicieran de ellos de alguna otra manera. Y no estoy exagerando por desgracia, eso pasa mucho, en especial con perros así de agresivos. Es más, la manada se había refugiado bajo una excavadora y yo no podía dejar de pensar que pronto alguien iba a necesitarla y los echaría, o algo mucho peor. Tenía que sacarlos de ahí. Tenía que capturar a Britney, pero todavía no sabía cómo.

Iba con bastante frecuencia a llevarles comida a Britney y a sus cachorros, y a ver cómo estaban. A veces me parecía que estaba logrando acercarme, pero, cada vez que trataba de agarrar a algún cachorro para llevármelo de ese lugar tan precario, la madre intentaba morderme.

Por otra parte, sabía que tenía un tiempo límite para rescatarlos y que estaba llegando a su fin, así que busqué una jaula y una pértiga para capturar perros (básicamente, unas redes bien grandes atadas al extremo de un palo largo, como una caña de pescar) y me mentalicé. Ya había tenido otros intentos fallidos que me venían a la mente como escenas de una película, y yo me repetía:

—El que la sigue, la consigue…

Llovía a cántaros. Aquí, cuando llueve, diluvia. Con la ropa empapada, seguía intentándolo sin éxito y mojándome cada vez más, pero mi único pensamiento era agarrar al menos a algunos de los cachorros, llevarlos a otro sitio y luego llevarme a los demás.

Después de mucha planificación y muchos escollos, logré arrinconar a los seis en un lugar de la selva que daba a una pendiente empinada, de donde me pareció que no podrían escaparse corriendo. Mi plan era primero pillar a los cinco cachorros y aislarlos de

Britney, la cual, eso esperaba, se guiaría por su instinto maternal y accedería a venir conmigo sin oponer tanta resistencia para estar con ellos.

Con mucho esfuerzo, logré al fin atrapar a los cinco cachorros y ponerlos en una jaula donde sabía que Britney podría verlos sanos y salvos y quedarse tranquila. Me fascinó ver su reacción, porque, si bien era aterradora, se negaba a abandonar a sus cachorros y, aun con lo mucho que se preocupaba por ellos, se negaba a bajar la guardia para acompañarlos.

Así pues, me puse unos guantes de soldador (que, con suerte, Britney no lograría atravesar con los dientes), encontré una vara larga (que esperaba que no se hiciera trizas en sus fauces) y logré arrinconarla a ella también. Me llevó casi una hora capturarla y me sentía como un vaquero del siglo XXI llevándola a lazo hasta la jaula. Britney se resistió, intentó morder la vara, trató de morderme a mí, quiso huir, en fin, de todo. Pero al final teníamos a los seis perros potencialmente a salvo. Si me hubiera quedado una pizca de energía, creo que me habría echado al suelo a llorar, tanto por la adrenalina como por el alivio.

Hoy recuerdo ese día y pienso que probablemente me estaba exigiendo demasiado. Estaba acelerado y en mi cabeza no paraban de sonar las señales de alarma. Antes del rescate, no pude dormir durante varios días, porque me quedaba pensando en los cachorros en la selva, en su madre, que quería morderme, y en los lugareños que querían envenenarlos. Al mismo tiempo, procuraba no dejar de lado a los otros perros que cuidaba, todo en un entorno de lluvia constante que nos complicaba permanentemente las cosas. En otra época, primero me habría tomado seis latas de cerveza para «relajarme» y habría terminado borracho y tomando Valium a las 6 de la mañana durante cuatro días para «volver a la normalidad». Ahora reconozco las señales y sé qué cosas me hacen bien. Me desconecto de la vida digital. Hago ejercicio. Me doy masajes. Como sano y hago ejercicios de respiración. Le digo a mi gente que no estoy en un buen momento y me tomo un tiempo para cuidarme. Son cosas que necesito y tengo que obligarme a hacer sin sentir que estoy defraudando a los perros.

No hace falta decir qué alivio me dio poder agarrar a Britney y a sus cachorros para llevármelos al veterinario enseguida. Aunque los medicamentos contra las garrapatas que les había dado a los cachorros habían empezado a hacer efecto, necesitaban antibióticos, un baño, vacunas y alimentarse un poco mejor. Con esas medidas, la salud de los cachorros mejoró en poco tiempo, lo que me dio la suficiente seguridad como para ponerles nombre: Caramel, Mocha, Latte, Americano y Frappuccino[9]. (¡Me encanta el café!).

Cuando logramos sacar a Britney de la jaula en el veterinario, rompí el candado de la cadena que llevaba al cuello con una cizalla. Fue una sensación maravillosa el poder liberarla de esa horrible atadura, que era tan simbólica como física. Sentí como si le hubiera quitado el peso del mundo de encima. Empezó a girar el cuello con mucha alegría, como si no pudiera creer la sensación de liviandad, y su actitud hacia mí también pareció cambiar después de aquello. En sus ojos oscuros había un poco menos de recelo y su actitud era menos defensiva. La actitud de Britney hacia otras personas no ha cambiado hasta hoy: sigue siendo muy desconfiada de los humanos, pero conmigo sí se ha relajado. Finalmente, comprendió que mi presencia no representaba un peligro. Y, por encima de todo, ¡no ha vuelto a querer matarme! El palo se guardó y nunca volvió a hacerme falta. Creo sinceramente que Britney por fin había entendido que yo era su amigo y salvador, y que conmigo podía tranquilizarse y relajarse.

---

9. *N. de la T.:* Caramel, Mocha, Latte, Americano y Frappuccino son tipos de café o bebidas a base de café.

Pasado el tiempo necesario para que Britney y su familia se recuperaran en la clínica veterinaria, decidí que les encontraría un lugar tranquilo y seguro donde crecer y empezar una nueva vida. Así pues, les buscamos un espacio remoto en la selva, lejos de la gente, de los coches y de otros perros. Los instalamos allí con gran alegría y buscamos fortalecer el vínculo de confianza con nosotros. El primer paso para ello fue construirles una casita de madera con una plataforma acolchada para que durmieran y un techo de chapa para que no se mojaran con la lluvia. Se quedaron allí durante una semana, donde tenían acceso a comida y agua, y Britney empezó a abrirse mucho más y a relajarse. Era como si sintiera que sus bebés estaban a salvo y que podía bajar la guardia.

Así que, para nosotros fue un verdadero cubo de agua fría llegar un día para reponerles la comida y descubrir, con mucha tristeza, que su casita y refugio había sido destruido. Les habían quitado los recipientes de agua y la comida. Los perros estaban bien, por suerte, aunque el mensaje estaba claro: «Saca a estos perros de aquí». No sé quién fue, pero pensé que teníamos que llevárnoslos de inmediato. No habíamos llegado tan lejos como para dejar que ahora les hicieran daño.

Por desgracia, aquella no era la primera vez que recibía esta clase de hostilidad por parte de algunos lugareños. No a todo el mundo le gustan los perros y los animales, y hay un porcentaje de gente que desea la erradicación de todos los perros callejeros. Durante esta misión de mejorarles la vida a los perros, me he dado cuenta de que a algunas personas no les gusta lo que hacemos. Muchos en la isla piensan que estoy loco de remate. El chiflado irlandés que llegó a la isla y se le saltó un tornillo.

Diría que a la mitad de la gente mi trabajo con los perros les es totalmente indiferente. Y luego hay un 20 % a los que parece gustarles mi pasión por los perros; me sonríen y me hacen gestos de aprobación cuando paso, o se acercan a conversar y observan las rondas de alimentación e interactúan con los perros. Curiosamente, suelen ser las personas que no tienen casi posesiones en la vida, como los trabajadores migrantes, que son quienes tratan mejor a los perros y les llevan sobras.

Pero calculo que hay cerca de un 30 % que detesta mi presencia. Y entiendo el motivo. Los perros van a donde hay comida. Si yo pongo comida cerca de la casa de alguien, todos los perros se van a reunir ahí para comer. ¿Querría yo una decena de perros merodeando cerca de mi casa, peleándose, ladrando y dejando sus excrementos por todos lados? Entiendo su punto de vista, sin duda, e intento ser respetuoso y no dejar comida demasiado cerca de las casas, porque sé que no es justo hacerles eso.

Desde que empecé a hacer esto, me han insultado, se me han tirado coches encima; ha habido ocasiones en las que algún coche se me ha acercado a toda velocidad, casi rozándome, de manera claramente amenazante. Me parece que es una forma de intimidación: «Ya está bien con los perros, loco occidental; fuera de nuestro vecindario, no eres bienvenido». Así lo traduciría a grandes rasgos.

Las personas más adineradas suelen ser las más antiperros y no los quieren rondando cerca de sus propiedades. Un día una mujer empezó a gritarme como una loca. Su casa era una mansión en comparación con la vivienda media de un lugareño, y mi presencia (y la de los perros) no era bienvenida. Me gritaba en una mezcla de inglés y tailandés, y pude entender algo de lo que me decía:

—Ladran… dejan caca en todos lados… ¡no quiero a estos perros!

Estaba tan tremendamente furiosa que temblaba. Yo me disculpé y le prometí que me alejaría.

Y una vez incluso me sacaron un cuchillo. Digamos que no era como la navaja de pandillero, la clase de arma blanca que podrías ver en un atraco a mano armada en plena ciudad o algo así. No sentí un peligro inminente. Mucha gente aquí lleva cuchillos para cortar cocos y demás, o usa machetes y herramientas similares en su trabajo en la selva. Así que ver a un hombre con un cuchillo no es algo que me alarme precisamente. En esta ocasión, sin embargo, el tipo estaba que echaba humo y se había detenido a unos quince metros de donde yo estaba dando de comer a los perros; agitaba el arma de forma amenazadora, como para que me fuera. Nunca sentí que fuera a usarla, gracias a Dios, pero era una señal clara: «Deja de alimentar a los perros, maldito extranjero».

Nunca me he considerado una persona agresiva. Soy más de buscar la paz en la vida. Lo mejor que puedo hacer es sonreírle a todo el mundo. Cuando surgen problemas, me limito a hacer una reverencia o levanto las manos en señal de que no tengo la intención de hacerle daño a nadie. Siempre intento ser respetuoso con todos, más allá de su animosidad, porque al fin y al cabo es su país, es una cultura diferente y eso es algo que entiendo perfectamente. Tengo la suerte de vivir aquí y lo último que quiero es causar problemas en la isla que amo. Lo cierto es que sí me descorazonó que alguien hubiera destrozado el refugio que le habíamos construido a Britney, y mi temor era que echara por los suelos todo el progreso que habíamos hecho con ella.

Reuní a algunos de mis amigos para que me ayudaran. Afortunadamente, estoy rodeado de personas que aman a los animales como yo, a las que puedo llamar cuando estoy en un apuro. Llevamos a Britney a otro veterinario. Seguía bastante inquieta y agresiva con la gente, así que la pusieron en una jaula de acero y aprovechamos para hacerle un examen completo que incluyó análisis de sangre, un tratamiento contra los parásitos y luego, por supuesto, nos aseguramos de que la castraran. La idea de que hubiera más pequeños Britneys en el mundo daba miedo.

Con la madre ocupada recibiendo sus tratamientos, quise apurarme y conseguirles un nuevo hogar a los cachorros. Los mostré en las redes sociales y la verdad es que necesitaba que hubiera un milagro. Pero parece que, a veces, los milagros ocurren. A Frappuccino lo adoptó una encantadora mujer tailandesa llamada Grace. Fue el noveno perro que había logrado reubicar desde que había comenzado mi pequeña cruzada. No me sorprendió que lo eligieran enseguida, porque era como un hermoso *terrier* pequeñito, con el pelaje blanco y grandes manchas negras al estilo de una vaca frisona.

Para sorpresa de todos, aparecieron unas personas en Bangkok y ofrecieron llevarse a los cuatro cachorros restantes, pero solo si yo podía llevárselos al día siguiente. Estoy a unos 1000 kilómetros de Bangkok, que es la misma distancia que el viaje de ida y vuelta entre Londres y Edimburgo, así que tuve que pagar un taxi bus y subir a los cuatro atrás con juguetes, mantas y algunas chuches. Me despedí de todos con un beso, feliz de poder darles un hermoso hogar en un lugar donde los querrían. Los cinco, Caramel, Mocha, Latte, Americano y Frappuccino, están hoy de maravilla: todos castrados y completamente curados de las garrapatas y otras enfermedades. Así que tenemos que felicitar a Britney por haberlos mantenido con vida a pesar de todo el estrés que habíamos vivido.

Ahora solo me quedaba la fiera de la madre en la clínica. Nadie podía acercársele aún. El personal de la clínica tenía que sacarla de la jaula con un graciosísimo cono de plástico en la cabeza para que no mordiera, pero Britney lo hubiera intentado de todos modos más que encantada si hubiera tenido la oportunidad. Era evidente que no podía pedirle a nadie que adoptara a esta perra tan perturbada y claramente peligrosa. También me parecía que, si la dejaba en la selva, la cosa no acabaría nada bien. Así que había pocas opciones. Como Britney confiaba en mí, no me quedó otra alternativa que llevármela a vivir conmigo.

Cuando volví a casa, se la presenté con mucha cautela a Snoop y Jumbo. Me dejó pasmado cuando atacó a Snoop de inmediato. El pobrecito es lo opuesto a un perro alfa: está viejo y vulnerable, así que me pareció un ataque injustificado a un animal más débil. No fue la primera ni la última vez que me enfadé con Britney. Eso fue un gran revés. Britney había abusado de la confianza que le había brindado. Yo sabía que probablemente se pondría celosa de cualquiera que se me acercara, y pensé: «No puedo quedarme a esta perra». Esa noche los mantuve separados, aunque me fui a dormir angustiado. Era increíble el apoyo que recibía de la gente; me decían que no me rindiera todavía, que pronto sería más fácil. No sé si cinco meses cualifican como «pronto», aunque creo que eso fue lo que tardó Britney en sentirse a gusto en casa.

Empezó a estar más tranquila al cabo de dos o tres meses, a pesar de tenerla con correa en casa durante un tiempo hasta que aprendió a compartir el espacio conmigo y con otros perros. Con el tiempo, he podido comprobar el daño que le causaron a Britney. Su agresividad, el candado en el cuello, la complexión robusta y su comportamiento me han llevado a pensar que la usaron como perra de pelea antes de abandonarla en la selva.

Si se tiene eso en cuenta, no puede sorprenderle a nadie que Britney esté tan traumatizada. En la actualidad, diría que he logrado ayudarla a superar un 90 % de sus traumas, pero no sé si podremos hacer que procese el resto. Aunque ahora confía un poco en otros perros y hasta juega con algunos, siempre está latente la posibilidad de que dé un zarpazo y muerda. Su relación con los humanos no ha cambiado en absoluto. He intentado presentársela a otros voluntarios, pero les gruñe, les ladra y les lanza mordiscos a las piernas. Es la única perra con la que nadie quiere estar, lo cual es comprensible, aunque eso significa que soy el único que puede manejarla. Britney tiene tanta energía que hay que sudar sangre a diario para que gaste toda esa energía, corriendo pendiente arriba y abajo para que se canse y llegue más tranquila a la noche.

Con todas las nuevas responsabilidades que conlleva Britney, hay días en los que no puedo más. A veces estoy en la mitad de la selva y pierdo los estribos por su comportamiento agresivo y antisocial. A veces siento que tengo que dedicar toda mi energía emocional a uno de los perros enfermos o agonizantes que estoy cuidando, y encima tengo que sacar más de donde no tengo porque Britney está haciendo de las suyas o yéndose a vete a saber dónde. En ocasiones se porta perfectamente durante unos días, me confío, dejo de vigilarla tanto como debería, y de repente se me escapa o se mete en la selva y no vuelve, o bien trata de atacar algo.

Estas situaciones pueden llegar a ser agotadoras o exasperantes. A veces estamos viajando en moto y, de pronto, se baja de un salto y trata de atrapar a un gato, dejándome a mí hecho un manojo de nervios por el peligro que supone para mí, para ella y para otras personas. De hecho, tengo algunas heridas causadas por Britney, en su mayoría provocadas por las ocasiones en las que estábamos caminando tranquilos o quizá yo me había relajado después de un día largo y, de pronto, pasaba alguien en moto o un perro la alteraba y ella se le abalanzaba sin más y casi me dislocaba el hombro o me hacía añicos la espalda.

Juraría que Britney tiene solo dos o tres años, así que es todavía muy cachorra y confío en que se tranquilice un poco con la edad. Es más: sé que los perros no nacen así, sino que aprenden ese comportamiento de alguna parte. Fueron víctimas del maltrato de un dueño o de un grupo de personas. Espero con todas mis fuerzas que podamos trabajar en su relación con los humanos, pero creo que la lección con ella es que los comportamientos inestables de los animales y sus reacciones a diferentes situaciones son algo que lleva mucho tiempo cambiar. Y lo mismo pienso sobre las personas, tanto por experiencia personal como por haber visto a otros que necesitan años para procesar los traumas del pasado.

Hay muchísima gente que carga con un tremendo daño emocional, quizá por cosas que les pasaron en su niñez o juventud, o por el mal que les han causado otros. A veces, las personas van a terapia y logran desaprender las reacciones o los pensamientos perjudiciales y mejoran sostenidamente. Sin embargo, hay ocasiones en las que han sufrido tanto maltrato, abuso y sufrimiento que siempre queda un daño residual. Hay un vestigio de dolor que no se puede romper ni borrar. Quizá con Britney no logremos desaprender o modificar todos sus comportamientos problemáticos, aunque en su vida yo he sido como un golpe de suerte, aquel que le ha podido dar una oportunidad. Ha encontrado a alguien que la cuida, la acompaña y la apoya para que pueda cambiar.

Habiendo cuidado a Britney durante tanto tiempo, me siento casi como un padre que acompaña a su hijo o hija durante un momento turbulento en la vida. Si bien no tengo hijos, sé que criarlos no es todo pasteles de cumpleaños y chocar los cinco. Sé que los padres tienen momentos en los que pierden la paciencia con sus hijos y luego se arrepienten mucho de ello, y yo me he encontrado gritando «¡Vete a la mierda, Britney! ¡Te odio!» en medio de la selva cuando no sé dónde se ha metido.

Sé que no está bien, pero también sé que así es la vida: a veces, aquellos a quienes más quieres son los que más daño pueden hacerte. Creo que a todos nos cuesta admitir esto: simulamos que todo es dulzura y liviandad, y que todos los viajes emocionales son para mejor y carecen de altibajos. Sin embargo, no es así. Son procesos largos y dolorosos que terminan y empiezan, y a veces dan giros a peor. Siento que es muy importante compartir este mensaje. Sé que este camino ha sido mucho más difícil para Britney que para mí, pero también sé que, en el fondo, hoy es una buena perra. A pesar de todo, la quiero con todo mi corazón.

12

LA PERRITA VALIENTE QUE SOBREVIVIÓ AL CÁNCER

La mejor forma de describir a McMuffin es decir que se trata de una de las mejores perras que pueda haber existido jamás. Esta reina de los canes es una parte crucial de todo lo que quiero conseguir y tiene un impacto tan grande en quienes la conocen y la adoran (todo el mundo se queda prendado de ella cuando la conocen, y sé que para ti será igual).

Llegó a mi vida a fines de agosto de 2022, precisamente en el que había sido uno de los días más difíciles de trabajo con los perros hasta ese momento. Habíamos estado viajando con mi amigo australiano, Rod, un expolicía que se retiró el mismo año que llegué aquí. Rod ha sido todo un pilar de apoyo para mí desde que comencé con este trabajo, al igual que lo ha sido su pareja, Jewells. Los dos adoran a los perros, nos hemos hecho buenos amigos y solemos salir a hacer rescates juntos.

Ya se acercaba el final del verano y aquel día el cielo estaba un poco encapotado. En esa época del año en Koh Samui, hay un 20 por ciento de probabilidad de que el sol pegue muy duro y haga mucho calor, y un 80 por ciento de probabilidad de que esté apenas nublado. Ese día ya habíamos recogido a varios perros enfermos entre espontáneas lloviznas y chubascos. Unos veinte cachorros habían recibido sus vacunas, y también estábamos cuidando a un perro al que llamamos Bender, que tenía una pata muy mal y toda torcida[10]. Estábamos tratando de capturarlo para poder meterlo en una jaula y llevarlo a que le hicieran una radiografía. Probablemente tendrían que amputársela, lo cual no era precisamente la solución que

---

10. *N. de la T.:* El nombre viene del inglés *to bend*, que significa «doblar».

nos hubiera gustado a todos, pero al menos así se recuperaría y no tendría que vivir con dolor y medicación el resto de su vida.

Había sido una jornada particularmente agotadora. Yo estaba molido y con muchas ganas de irme a mi casa a descansar, no sin antes comprarme algo de Pad Thai para cenar. (Nadie se imaginaría que en otra época fui cocinero, porque casi todos los días me compro comida para llevar. Prefiero dedicar mi tiempo a cocinar para los perros antes que para mí). Estábamos a punto de subirnos a la camioneta de Rod para volver cuando un hombre tailandés de constitución más bien pequeña cruzó la calle y se me acercó.

Se lo veía entre tímido y avergonzado; parecía estar pasando un mal momento, a decir verdad. Estaba bastante desaliñado y con la ropa andrajosa, y mi primera impresión fue que se trataba de una persona sin techo. Incluso pensé que quizá estaba borracho (sin que eso fuera un juicio de valor: no me canso de decir que agradecía mis 18 meses limpio de todo). Pero no sabía si aquel hombre quería dinero o pedirme otra cosa. Aunque nunca mendigué en la calle cuando necesitaba comprar alcohol, entendía esa necesidad de conseguirlo por encima de cualquier otra cosa; la tenía aún presente tras haberla experimentado en el peor momento de mi adicción.

El pobre hombre no sabía hablar ni una palabra de inglés, y mi tailandés era limitado, pero se comunicó con gestos, pidiéndome que lo siguiera.

Mmm… ¿qué es esto? ¿Algún tipo de estafa?

No me gustaba nada la situación, pero había algo en los ademanes del hombre que me generó la suficiente confianza como para ir a ver qué quería mostrarme. Lo seguí campo adentro hasta una especie de huerta compartida con plantas y flores. Estaba bastante abandonada. Me di cuenta de que allí era donde vivía. Y también noté que el hombre era un poco «simple», a falta de una palabra mejor (aunque estoy seguro de que no es políticamente correcto decirlo). No estaba borracho como había pensado inicialmente; parecía tener algún tipo de discapacidad intelectual. Sentí que hubiera sido de mala gente irme sin más.

Este día parece no tener fin, pero ten un poco de tolerancia, Niall. No pierdas la amabilidad.

En la parte trasera de aquel lugar había una jaula azul toda corroída y con la puerta abierta, así que me asomé… y me mentalicé para toparme con un horrible caso de crueldad animal. Para ese entonces ya me había ganado cierta fama entre los lugareños (y los expatriados y turistas), y me conocían como la persona a quien tenían que llamar si encontraban a un perro en malas condiciones. Probablemente me veían como al irlandés chiflado que está obsesionado con los perros.

Pero en lugar de toparme con algún pobre perrito maltratado, lo que encontré dentro de esa jaula fue una perrita de mirada triste y atada con un collar improvisado a partir de una cuerda desgastada. Era una *beagle*, no un perro cruzado como los que suele haber aquí.

Era una situación poco común, aunque no inaudita en Tailandia. A veces, las personas compran un perro de raza caro, como este que estoy describiendo, pero no pueden hacer frente a los gastos veterinarios cuando el animal se enferma. Y como suelen criarlos en un entorno tan poco ético, en el que a las perras las tratan como a gallinas de los huevos de oro, ciertas enfermedades como el parvovirus se vuelven comunes. Pero muchos criadores de perros de raza caros no priorizan el bienestar de los cachorros. Para ellos, la codicia va antes. Y quienes han pagado muchos bats por un perro, una vez que se enferma, en lugar de tratar de curarlo y que se mejore, lo abandonan en la calle, donde sufre una muerte dolorosa y solitaria. Se me parte el corazón al ver hasta qué punto se llega a maltratar a los perros.

No sabía nada sobre el origen de esta pobre *beagle*, pero me imaginaba que su historia podía parecerse a la que acabo de describir. La visión de esta perra, que tendría entre 7 y 8 años, fue una de las más patéticas y angustiantes que había presenciado en toda mi vida. Se veía medio muerta y tenía el cuerpo cubierto de lo que parecían forúnculos, casi todos supurando. Conté más de cuarenta. Encima, por si no fuera suficiente, estaba, como todos los otros perros que he rescatado, repleta de pulgas y de cientos de garrapatas que le chupaban la sangre. Su muerte parecía inminente: estaba alicaída, con el cuerpo todo tembloroso y los ojos llorosos, totalmente derrotada. *Dios santo.*

Tenía que averiguar qué le había pasado o, al menos, saber todo lo posible sobre sus circunstancias. Así que contacté de inmediato con una amiga tailandesa, Phleng. Sabía que podía llamarla para que hiciera de mi intérprete en caso de emergencia, y esta cualificaba como una. Le pregunté si podía hablar con aquel hombre para averiguar cuál era la situación y que luego me lo tradujera al inglés.

Mientras parloteaban en tailandés durante varios minutos, él explicándole a Phleng lo mejor que podía cómo aquel *beagle* había llegado a ese lugar tan raro, yo no podía apartar la mirada de la perrita. *No creo que viva mucho más.* La verdad es que ni creía que pudiera llegar con vida al veterinario. Pero no podía dejarla ahí moribunda. Abrió los ojos y me sostuvo la mirada.

—Hola, pequeñita —le susurré—. Veamos qué podemos hacer por ti para que al menos estés más cómoda.

Me acordé de cuando sostuve a Tyson entre mis brazos mientras exhalaba su último aliento unos meses atrás. También me acordé de los otros perros y cachorros que había visto morir. Esta perrita no parecía mucho mejor. De hecho, parecía bastante peor, con todas esas horrendas ampollas en el cuerpo que le supuraban.

Cuando terminó la llamada, el hombre tailandés me devolvió el teléfono. Creo que no sabía cómo se usaba ni dónde tenía que hablar. Desde el otro lado de la línea, Phleng me comunicó lo que había podido averiguar de la conversación. Resultó ser que aquel pobre hombre tailandés había estado tratando de ayudar a la perrita para que no se muriera, aunque sin tener la más mínima idea de cómo hacerlo. No lo juzgaba, por supuesto. Después de todo, yo no tenía mucha más experiencia.

Le había estado dando un poco de arroz y de agua, y le había echado talco antipulgas varias veces, lo que probablemente había conseguido irritar más los forúnculos supurantes. Estaba haciéndolo lo mejor que podía, según me explicó Phleng, con lo poco que tenía.

Me sentí culpable por haber pensado que estaba borracho. Claramente, tenía muchos problemas de nacimiento, y me di cuenta de que se había acercado a mí así, como pidiendo permiso, por timidez, y que había tenido que reunir mucho valor para pedirle ayuda a un extranjero.

A la perra la habían abandonado hacía bastante tiempo. Este hombre obviamente no tenía dinero, pero su instinto fue cuidarla y, hay que decirlo, la había mantenido con vida. La pobre habría muerto semanas antes si nadie le hubiera ofrecido comida y agua. Creo que hasta el afecto y los cuidados básicos que le había proporcionado aquel hombre habían sido clave. En ese sentido, los perros son como los humanos: si están enfermos y son abandonados, es más probable que pierdan la voluntad de vivir y dejen de pelear un poco antes que si les haces sentir acompañados por alguien que los quiere. En mi experiencia, los perros son, sobre todo, seres optimistas.

El hombre tailandés claramente me veía como alguien que, con algo de suerte, podría ayudarlo a él y a esta pobre perrita *beagle* tan enferma. Así que, con mucho valor, me había buscado para que lo siguiera y pudiera mostrarme lo que no le había contado a nadie, algo que no le habrá resultado nada fácil con todos sus impedimentos. Lo había hecho por el bien de la perra. Me conmovió. El universo de las personas que aman a los perros es muy diverso, pero entre nosotros somos capaces de reconocer de inmediato ese fuerte vínculo que nos une.

Lo cierto es que, en ese momento, yo no sabía qué hacer con la pobre *beagle*, pero la recogí y la llevé a la camioneta.

—Rod, no vas a creerte lo que me he encontrado —le advertí a mi amigo mientras llevaba en mis brazos ese cuerpecito maltrecho, tratando de no mirar el pus que brotaba de los forúnculos y las asquerosas garrapatas que retozaban en ellos.

La cara de Rod, cuando vio el estado de esa pobre perrita, fue la viva imagen del horror. Honestamente, tendrías que querer mucho a los perros para dejar siquiera que se subiera a tu coche. Y, por suerte, Rod los adora. Así que la colocamos con mucho cuidado en el asiento trasero, encima de unas mantas y toallas viejas, para que estuviera lo más cómoda posible. Rod fue tan rápido como pudo para llegar a la veterinaria antes de que cerrara.

Debo decir que jamás olvidaré el olor que emanaba de ese animalito y que inundaba el interior del vehículo. Mi nariz nunca había experimentado algo tan repugnantemente asqueroso. Olía a putrefacción. Era fétido. Como carne podrida con un olor afrutado y rancio. Ni sé cómo describirlo, pero por primera vez desde el final de la pandemia deseé haber tenido una mascarilla que poder colocarme. Rod, que había visto varios cadáveres en sus épocas de policía, comparó el olor de esa *beagle* con el de un cuerpo que lleva semanas en descomposición, algo que espero por tu bien que nunca hayas tenido que experimentar, porque era sencillamente revulsivo.

Rod iba lo más rápido posible por las calles laterales de Koh Samui para llegar al veterinario, y yo saqué la cabeza por la ventanilla para tomar un poco de aire fresco y evitar las náuseas. Los dos nos miramos como diciendo «¿Qué demonios estamos haciendo?» por lo absurdo de la situación. Cuando estás metido en esta clase de trabajo, tienes que aprender a reírte un poco incluso en los momentos más difíciles, porque, de otra forma, la vida de estos perros te tendría llorando todo el tiempo.

Ya no nos reíamos cuando el veterinario nos llevó al consultorio. Estaba tan impactado como nosotros por el estado de esa perrita. Estaba en estado crítico. Le hicieron análisis de sangre y los resultados fueron desastrosos: todo indicaba que estaba muy cerca de morir. Los valores de su hemograma estaban muy por debajo de lo normal y tenía fiebre por las picaduras de las garrapatas, hemoparásitos y anemia. Todo eso estaba a punto de matarla.

—Lamentablemente, le quedan horas de vida —nos advirtió el veterinario, apesadumbrado.

¿Y qué eran todas esas cosas putrefactas que tenía en la piel? Nunca había visto algo así en un perro; ni siquiera los que estaban en muy mal estado tenían ese aspecto y, mucho menos, semejante olor.

Por alguna razón, ya fuera para salvarla o para entender qué tenía, quería tener una segunda opinión sobre aquella *beagle*. Así que decidimos llevarla a otro veterinario para que la vieran. La levanté, la acomodé de nuevo en la camioneta con las mantas y, una vez más, Rod pisó el acelerador a fondo para llevarnos cuanto antes hasta la otra clínica. El pronóstico no fue mucho más alentador.

—Se podría probar con una transfusión de sangre —dijo el segundo veterinario—; puede servir, pero no hay ninguna garantía.

Una transfusión de sangre costaría unos 1 500 dólares. En bats, son un montón de sueldos.

Le habían puesto una vía a la perrita y todos estuvimos un largo rato limpiándola. El quirófano ya estaba cerrado desde hacía bastante, pero nos permitieron higienizarla. Con mucho trabajo, le quitamos hasta la última pulga y garrapata del cuerpo, todo con tal de darle un poco más de comodidad y dignidad en lo que parecían sus últimas horas.

Después, el veterinario sugirió que la dejáramos pasar la noche allí y que nos fuéramos a «pensar qué hacer». Interpreté que aquella era la forma que tenían los veterinarios de decir «Este animal está en sus últimas, haced los arreglos necesarios para que deje de sufrir». Es muy duro tomar esa clase de decisiones. Sería distinto si se tratara de tu propia mascota, a la que quieres. En ese caso, no dudarías ni un instante en pedir que le hicieran la transfusión para intentar salvarla. Desembolsarías todo ese dinero y tendrías esperanza en que saliera bien, sabiendo que le facilitaste el mejor tratamiento disponible. Pero en este caso no era una mascota: la *beagle* era una perra callejera que habíamos recogido junto a la carretera literalmente horas antes.

No se trataba de que yo no pudiera conseguir el dinero, pero tenía que ser sensato. Había que considerar el coste de una transfusión de sangre (que podía o no funcionar) y qué otras cosas se podían hacer con esa misma cantidad de dinero. Se podría castrar a muchos otros perros y contribuir al plan a gran escala.

Con ese dilema a cuestas, dejamos a la *beagle* en la clínica para que pasara la noche. Con Rod lo hablamos un montón, pero en el fondo yo ya sabía lo que tenía que hacer.

Le ha llegado la hora, Niall; hay que sacrificarla pronto para que deje de sufrir.

Mientras volvía a casa con el corazón partido, me desvié para ir a ver a aquel buen hombre tailandés. Con su amor y sus cuidados extremadamente básicos, había logrado que la perra sobreviviera, y se merecía saber lo que le estaba pasando. No sé si había visto alguna vez un vídeo reproducido en la pantalla de un teléfono, pero se lo alcancé para que pudiera ver al veterinario explicando en tailandés qué problemas tenía la *beagle*. Se le llenaron los ojos de lágrimas.

Hablé con la dueña de la tienda de la zona y me dijo que le había permitido al hombre quedarse con ella gratis porque le daba mucha pena y no tenía a nadie más. Su única fuente de ingresos era vender fruta junto a la carretera; me dijo que, todos los días, cuando había vendido todo lo que tenía, se iba con sus 100 bats (entre 2 y 3 dólares) y se lo gastaba todo en alimento para darles de comer a los perros callejeros. No había contado con las herramientas, el dinero ni el conocimiento necesarios para curar a la *beagle*, pero estaba claro que lo había intentado.

Volví a casa muy cansado y triste.

—Mañana la haré sacrificar —me juré. Era injusto para ella, con todos los problemas que tenía, querer prolongar su agonía. Si no hubiese sido por el gran corazón de ese hombre tailandés, seguramente habría muerto muchas semanas atrás.

Recordé su olor putrefacto y los pésimos resultados de sus análisis de sangre, producto de afecciones crónicas. No tenía mucho sentido prolongarle la vida.

Ya había sufrido la pérdida de otros perros, por supuesto. Tyson fue el primero, pero después fueron muchos más. Es parte del trabajo y tienes que hacerte fuerte para poder soportarlo. Trato de no publicar esas malas noticias en mis redes, porque nadie quiere estar tomándose el café de la mañana y leer sobre perros que se están muriendo. Sin embargo, por triste que sea, esta es la realidad con la que a menudo tenemos que lidiar fuera de las redes sociales.

Había sido uno de esos días en los que sientes que te han molido a palos, pero no podía dejarme caer; necesitaba ser fuerte y seguir adelante.

Un truco que me ayuda a ahuyentar la melancolía es invocar todos los pensamientos positivos que se me ocurren. Pensé en todo lo bueno que había logrado ese día con Rod. Habíamos vacunado a veinte cachorritos contra el parvovirus, le habíamos mejorado la vida a Bender, el perro de la patita destrozada, y la *beagle* no moriría sola ni dolorida sin que nadie le hubiera dado una oportunidad.

Pensé en el hombre tailandés en su choza, haciéndome una reverencia en agradecimiento por haberla llevado al veterinario.

La respuesta estaba delante de mis ojos. Aun así, di vueltas en la cama hasta que, finalmente, caí rendido alrededor de las 4:00 y, aunque no muy bien, pude dormir algo. A la mañana siguiente, después de sacar a Snoop y hacer mis rondas de repartir comida, llegué a la clínica veterinaria antes de que abrieran. Haciendo acopio de valor, me dispuse a hacer lo debido: pedir que sacrificaran a la pobre *beagle*. El veterinario me confirmó que su situación no había cambiado durante la noche. Lo seguí hasta donde estaba la perrita aún con la vía puesta.

La pequeña alzó la vista y me miró. Tenía unos enormes ojos marrones y una mirada intensa. Y en ellos, en ella, percibí algo, una pizca de su espíritu… esa perrita no quería rendirse. El pelaje se le veía un poco mejor que el día anterior, gracias a las horas que nos habíamos pasado quitándole los parásitos. La *beagle* movió apenas la patita mientras me miraba, un gesto sutil que parecía darme un mensaje: «Sigo aquí. Dame una oportunidad».

No sé qué fue exactamente, pero algo en mí cambió por completo. Le di las gracias al veterinario y le pagué los análisis, pero no podía soportar que la sacrificaran.

—Vamos, preciosa, probemos una cosa más —le dije mientras la levantaba otra vez, algo a lo que ya se había acostumbrado—. Quizá a la tercera sea la vencida.

El tercer veterinario dio con el diagnóstico correcto: la perrita tenía cáncer. Debí haberme dado cuenta al principio. Esos más de cuarenta supuestos forúnculos tan desagradables eran, en realidad, tumores malignos. La pobre *beagle* tenía una forma de cáncer llamada TVT, «tumor venéreo transmisible». Se transmite entre los perros por vía sexual, con el contacto de la piel.

Por horrible que suene, sin embargo, este veterinario ya había visto casos de TVT y había logrado tratarlos con éxito. Era un tipo de cáncer con una buena probabilidad de responder bien a la quimioterapia. Al oír eso, levanté las orejas como antenas y juro que la *beagle* también, lo cual no es descabellado, porque hay pruebas fehacientes de que los perros saben interpretar muy bien las expresiones del rostro humano. Así que, si veía que me alegraba, por instinto se alegraba también.

El veterinario dijo que, siempre que se pudieran mantener a raya todas las otras cuestiones que comprometían gravemente su salud (la fiebre por las garrapatas, la anemia y la infestación de pulgas), tenía probabilidades de recuperarse si toleraba la quimioterapia.

—*¡Increíble! ¡Vamos a darle una oportunidad!*

Mi decisión de la noche anterior se desvaneció. Nadie negaba los peligros que le deparaba el futuro. Hacerle quimioterapia a un perro callejero parecía una idea absurda, lo sé. Iba a ser un proceso largo, difícil y costoso, sin garantía de éxito. Pero cuando vi una lucecita de esperanza, ya no hubo vuelta atrás. Había algo especial en ella.

La acaricié y podría jurar por mi vida que, a pesar de todo el dolor que debía estar sintiendo, la pobrecita me sonrió.

El veterinario me advirtió una y otra vez que la *beagle* iba a tener una recuperación larga. El cáncer es un cabrón, como hemos tenido la desgracia de descubrir muchos de nosotros. Es la enfermedad a la que todos le tememos y que llega a nuestras vidas tarde o temprano, ya sea porque la padecemos personalmente o porque se le diagnostica a un ser querido.

Para esta perra era igual. Su vida corría riesgo a causa del cáncer. De hecho, terminó quedándose dos meses y medio en la clínica veterinaria. Así de grave era su situación. Yo iba a visitarla todos los días y, en cuanto la vi envuelta de pies a cabeza en vendajes amarillos y rojos, la señalé y exclamé:

—¡McDonald's!

Aquellos eran los mismos colores de la icónica cadena de comida rápida y en el quirófano no pudimos contener la risa.

¿Qué nombre le pondríamos? En la clínica la habían registrado como *beagle*, pero se merecía tener un nombre como Dios manda y que le fuera bien al personaje valiente y gracioso en el que enseguida se había convertido.

¿Big Mac? ¿McNuggets? ¿Patata frita?

Busqué en Google el menú de la cadena para ver si me inspiraba. No me convencía nada, pero ya no podía seguir siendo «la *beagle*». Hacia el final de la lista vi «McMuffin» y supe que era el nombre perfecto para esta dulce perrita superviviente, que se asomaba entre sus vendajes con un optimismo y una alegría de vivir que eran de otro mundo.

Todos caímos rendidos a los pies de McMuffin. El equipo de la clínica quedó embelesado por su valor y su espíritu alegre. El veterinario le miró los dientes y dijo que probablemente tendría unos siete años, ocho como máximo. Durante las primeras tres semanas, la prioridad fue darle antibióticos para combatir las infecciones que la estaban afectando tanto.

La quimioterapia contra el cáncer solo valdría la pena si ella estaba en condiciones de sobrevivir. Esa era la prioridad absoluta. McMuffin estaba cubierta de vendas y se le hacían análisis de sangre periódicamente. Hubo muchos momentos de incertidumbre. Puede parecer ridículo decir que una *beagle* estaba pálida, pero estaba de verdad blanca al principio. Además, se encontraba muy anémica y le faltaba el color en las encías, lo cual es una mala señal en los perros. Los viajes diarios al veterinario me hacían recordar mis visitas a parientes enfermos de cáncer, ya que estos tienen un aspecto muy particular. El mismo que tenía McMuffin.

Pero el veterinario estaba satisfecho con su progreso: sus signos vitales estaban mucho mejor y, al cabo de tres semanas, en septiembre, McMuffin estuvo en condiciones de hacer frente a la quimioterapia. Y yo no podía esperar a que empezara la batalla contra esos horrendos tumores. Los tenía, sin exagerar, en todo el cuerpo, y parecían muy dolorosos. Tenía tumores en la piel, en la cara, en la nariz, tenía unos cinco en el trasero, otros en las patas, era algo horrible.

El carisma innato de la perrita la convirtió en toda una celebridad en la clínica. McMuffin, muy emocionada por tener otra oportunidad en la vida, se movía por el lugar como si fuera la dueña. Saludaba a cualquiera con el que se cruzara, moviéndole la cola. «¡Aquí estoy!», parecía ir diciendo al trotecito; era de lo más tierno verla presumir de sus vendajes como si fueran un vestido precioso. «Soy McMuffin, la perra callejera que tiene su propio oncólogo. ¿A que no me atrapas?».

Era inimaginable que se tratara de la misma perra que habíamos encontrado tan cerca de la muerte en esa jaula vieja. Subí fotos suyas a las redes y su encanto creó admiradores en cada rincón del globo. Lo mejor era ver cómo su espíritu vivaz era una fuente de esperanza, alegría e inspiración para gente real en otras partes del mundo que también estaban luchando contra el cáncer. Empecé a recibir muchos mensajes en Instagram y Twitter de personas hospitalizadas y en tratamiento oncológico que estaban recibiendo quimioterapia, esperando una cirugía o ya en remisión. Me decían que McMuffin había sido una gran inspiración.

Nunca me imaginé el efecto que tendría McMuffin en la gente o que las personas me enviarían mensajes y fotos desde el hospital: a veces eran hijas con sus madres, que me decían que estaban siguiendo juntas el progreso de la perra y esperaban con ansias las novedades que yo publicaba. Era una perra callejera, pero simbolizaba muchísimo más. Ella encarnaba todo lo bueno de los perros.

Ni qué decir tiene que los gastos veterinarios eran enormes. Las facturas hacían que me dolieran los ojos. En total, su tratamiento costó unos 5 000 dólares. No podría haber justificado semejante gasto en un solo perro si hacerlo hubiera implicado no ayudar a muchos otros. Es como en la película *La decisión de Sophie*: es terriblemente difícil para cualquier padre tener que elegir entre sus hijos, y me habría parecido mal.

Sin embargo, como McMuffin tenía tantos admiradores en todo el mundo, cada vez que el veterinario me daba una factura y yo la publicaba en línea, muchos amantes de los animales en esta maravillosa comunidad se sumaban para colaborar. ¡Era un milagro! Nunca he visto algo así, la verdad. Las facturas me llegaban cada tres días y siempre había un alma generosa que se ofrecía a pagarla. Algunas personas donaban 200 dólares, 500 dólares y cantidades similares en euros y libras para su tratamiento.

Me dejaba sin palabras ver la bondad y la generosidad de tantas personas.

En el fondo, me preocupaba un poco que todo hubiera sido una pérdida de tiempo para quienes tan desinteresadamente habían pagado los costes veterinarios: me carcomía el hecho de defraudarlos también. Y, sin embargo, ella era una fuente de inspiración para mucha gente. Ya era mucho más que una perra con cáncer en la otra punta del mundo: esta perrita era una guerrera que se había vuelto un faro de esperanza.

Desde que la había encontrado, todas las noches me iba a dormir imaginándola en el lugar que había planificado durante tantos meses: un refugio donde se pudieran quedar los perritos enfermos o necesitados hasta recuperarse o tener un hogar. En parte, las facturas veterinarias de McMuffin eran tan grandes porque ella necesitaba un lugar protegido y seguro en el que quedarse durante la duración del tratamiento, así que dejarla de forma permanente en la veterinaria costaba 30 dólares más al día. No es una gran cantidad, pero enseguida se acumulaba. Yo estaba muy ansioso por verla en el refugio de mis sueños, que también albergaría a muchos otros perritos necesitados.

Apenas iniciada la misión de los 10 000 perros, quedó absolutamente claro que necesitaba algún tipo de refugio, un espacio seguro y limpio, con casetas para perros, como una especie de hogar de tránsito. Sería como un pequeño oasis para los pobres animales hasta que, en un mundo ideal, pudieran ser ubicados con familias que les dieran mucho amor. O, en el caso de los perros que estuvieran más felices en las calles, tendrían allí un lugar al que ir para recuperarse de las castraciones y cosas por el estilo.

Ahora, después de soñar y planificar durante meses, todo estaba tomando forma.

Comprar un terreno para construir casetas para perros tuvo su complejidad. Necesitaba un lugar tranquilo, lejos de las calles y los turistas. No es algo que se publicite en Internet, así que la mejor manera de dar con un terreno así es con el boca a boca, preguntándoles a los lugareños si conocen algún lugar apropiado y preguntando en grupos de Facebook. Habré visto 100 lugares posibles, todos bellísimos y perfectos para lo que necesitaba, pero en cuanto decía que era para construir un refugio para perros, aparecía el recelo. Creo que a la gente le preocupaba que me fuera, dejara a todos los perros y les tirara ese problema encima. Es comprensible que no estuvieran muy predispuestos.

Al final tuve suerte y conocí a una encantadora mujer tailandesa que adora a los animales como yo y que se entusiasmó con mis planes. Tenía un terreno de aproximadamente media hectárea, más o menos la mitad de un campo de fútbol. Era todo selva, así que habría que despejarlo antes de poder construir nada, pero era perfecto. Necesitamos excavadoras, contratamos a algunos trabajadores y luego tanto los voluntarios como yo nos arremangamos para ponernos manos a la obra. Tuvimos que hacer una excavación muy profunda para el pozo de agua potable y usamos paneles solares para la electricidad.

Yo no sabía absolutamente nada sobre el tema, pero Rod había trabajado como constructor en algunas fincas, así que nos fue asesorando sobre las estructuras y ciertos aspectos prácticos. Una mujer fabulosa de Inglaterra, Taay, que nos había apoyado muchísimo en las redes, había recaudado la friolera de 12 000 libras junto con su grupo de mujeres (las «GG», como abrevian ellas el nombre Girls Group). Voy a estarle eternamente agradecido, porque esto no habría sido posible sin ella. El resto del dinero lo aporté yo, porque estaba convencido de que cualquier persona generosa que hiciera una donación querría ver que ese dinero se destinara a medicamentos, alimento y castraciones.

Construimos unas casetas para perros sencillas que, en principio, albergaran a diez perros, pero el plan a corto plazo era duplicar esa cantidad. Había una pequeña oficina y un lugar para guardar los medicamentos. Snoop y Jumbo iban al terreno a inspeccionar la construcción todos los días y, aunque era algo básico, cada caseta tenía ventilación para que corriera aire y una pequeña rampa para subir a la cama, que estaba un poco elevada debido a que a los perros les gusta estar por encima del nivel del suelo, ya que les hace sentir más seguros.

Yo no quería que pareciera frío e impersonal, como suelen ser las perreras, con ese aspecto como de cárcel. Quería que oliera bien, que hubiera plantas aromáticas y flores bonitas, que las paredes estuvieran pintadas… más como una *suite* que una celda para perros (¡y así las llamo!).

Tuvimos que mejorar la calle con grava para que los vehículos pudieran transitar bien, pero también hicimos cosas divertidas para que los perros y los cachorros disfrutaran, como una pequeña playita y una piscina. Nada menos que un paraíso. Y el nombre que elegimos para este lugar feliz es, justamente, Happy Doggo Land[11], que siempre me saca una sonrisa.

El plan es seguir desarrollándolo y tener una cocina allí mismo para preparar la comida y un lugar donde la gente se pueda sentar a tomar un café y conocer a los perros.

Esa es mi visión a largo plazo. Pero, mientras tanto, no cabía en mí de felicidad por tener lo básico para poder dar la bienvenida a los primeros perros.

---

11. *N. de la T.*: En inglés, «La tierra de los perretes felices».

Después de cinco semanas de quimioterapia por vía oral con píldoras, McMuffin mostraba señales de recuperación. Cada día que pasaba tenía más energía. Pude empezar a llevarla a dar paseos cortos, primero solo de 50 metros, y más adelante de 100 metros… al principio solo íbamos por un camino que se encontraba allí mismo, fuera de la clínica, porque estaba muy débil, pero le encantó cambiar de aires y lo demostraba moviendo tanto la cola que uno apenas podía distinguir el color blanco del marrón de su pelaje. Se detenía a olfatear las flores y los árboles y todo lo que la rodeaba parecía darle curiosidad, lo que a mí me produjo mucho alivio.

Empecé a fantasear con que seguiría entre nosotros para Navidad, tal vez con un vendaje blanco y rojo bien al estilo de Santa Claus. Quería sacarla de la clínica ya recuperada y llevármela a casa.

Incluso durante el tiempo de la quimioterapia, empezó a trotar un poquito más lejos cada día y todo el mundo que se cruzaba con ella se moría de ternura al verla con sus vendajes coloridos. Los seguidores de McMuffin empezaron a mandarle accesorios alegres para que se los colocáramos. Esta perrita era puro carisma: todo el mundo la adoraba y parecía ser la dueña de la clínica… Se convertía en el centro de atención de toda habitación en la que entraba trotando felizmente.

Sé que, cuando se habla sobre el cáncer, es un cliché compararlo con la idea de una lucha. Y, sin embargo, siento que para McMuffin esa era la mejor forma de definirlo. Sus preciosos ojos marrones estaban llenos de vida, fuerza y determinación. Era como si tuviera un fuego interior, era como una pequeña guerrera, y yo caminaba radiante a su lado.

Así que nuestra *beagle* seguía luchando. En octubre, después de diez largas semanas en la clínica, había tenido tres semanas de quimioterapia (necesitaba diez en total) y los tumores estaban reduciéndose. Los veterinarios consideraron que en ese estado ya podíamos llevarla al refugio.

Pocas veces sentí tanta alegría como cuando la levanté para llevármela. No tenía ni idea de si McMuffin sabría lo que eran los globos o si le gustaría el juguete de peluche que le había comprado, pero sentí que se merecía una pequeña fiesta sorpresa en su nuevo hogar.

Como su cáncer era contagioso, McMuffin no podría estar en contacto con otros perros durante un tiempo, pero si seguía progresando, yo sabía que iba a estar encantada de hacer nuevas amistades apenas pudiera. Esa misma noche, sentado en un escalón con ella y con todos los globos a nuestro alrededor, derramé una lágrima de felicidad.

—Soy un blandengue, ¿no, mi McMuffin? —le dije riéndome un poco.

Pero ella no lo vio. Estaba bien apretadita contra mí y agotada después de haber correteado de un rincón a otro de su nuevo hogar.

Yo había ido varias veces a visitar al hombre tailandés que me había presentado a McMuffin en verano. Para echarle una mano, le llevaba comida para sus perros y algo de dinero para complementar sus ingresos por la venta de frutas.

Siempre se alegraba al verme. Le había grabado un vídeo del momento en que McMuffin dejó la clínica, pero después decidí que no quería esperanzarlo demasiado en caso de que luego McMuffin desmejorara. Solo le mostré el vídeo al cabo de varias semanas, cuando sentí que ya habíamos pasado lo peor y que podía darle buenas noticias al hombre. No estaba seguro de cuánto entendería, pero reconoció a McMuffin y se le iluminó la cara. Como un niño emocionado, salió corriendo a contarle las buenas noticias a la dueña de la tienda; ella salió, rodó los ojos con gesto exagerado y nos reímos entre todos, exultantes por cómo se habían dado las cosas. El hombre estaba muy feliz por lo bien que estaba McMuffin. Fue un momento de pura satisfacción.

McMuffin todavía necesitaba muchos cuidados, todavía necesitaba sus vendajes y, más importante aún, su higiene. Seguía contrayendo infecciones porque su sistema inmune estaba muy debilitado a causa de la quimioterapia, pero se reponía y seguía adelante.

En cuanto llegó al refugio, McMuffin se convirtió (todavía más) en la estrella del *show*.

Es la señora de la casa, la reina. No impone, pero guía a los otros perros con todo su cariño y su bondad. Ahora también hace de perra de terapia, ayudando a los otros animales rescatados a superar sus traumas, como Hope, que había sido maltratada con una pistola neumática de clavos y un machete, y King Whacker, a quien alguien intentó matar brutalmente. ¡Ya hablaré sobre ellos!

McMuffin se mete en los asuntos de todo el mundo y lo hace todo el tiempo, entrando y saliendo de las casetas para perros. Es pura energía, insistiendo e insistiendo con cada perro que conoce hasta que les saca un rato de felicidad. Se sube a las mesas, retoza con los cachorros; es de esos seres que iluminan la vida de cualquiera.

Debido a todo lo que hemos pasado con ella, no ha sido fácil decidir sobre su futuro. Al principio, por supuesto, yo no podía esperar a poder tenerla en el refugio, pero el objetivo de esta misión es rescatar a perros y ubicarlos en hogares permanentes. *No puedes recoger a todos los perros enfermos y quedarte con ellos.* Le di mil y una vueltas a qué sería lo mejor. Al final, decidí quedármela.

McMuffin simboliza todo lo que queremos conseguir con este lugar. La forma increíble en que peleó por su salud, su espíritu luchador, sus recuperaciones heroicas y su bondad con los demás, saca lo mejor de todos.

Si debemos ingresarla de nuevo en la clínica veterinaria durante unos días, como pasó hace poco a causa de una infección, nada es lo mismo sin ella. Durante esos dos días, tanto los otros nueve perros como yo mismo, el refugio en su totalidad, sentíamos como un vacío, como que algo no iba bien. Y es que nos faltaba McMuffin con todo su carisma.

Adoro mi vida con los perros, pero a veces termino quemado. Cuando me pasa, siempre sé qué hacer. Solo necesito relajarme diez minutos en una hamaca con McMuffin y recupero la energía necesaria para volver a darlo todo los próximos días. Es la perra más maravillosa de todos los tiempos.

Cuando recuerdo a esa *beagle* tan terriblemente demacrada, a unas pocas horas de morirse y apestando a carne podrida, no doy crédito a cómo puede ser la misma. Su recuperación y su transición a cómo está hoy son cuanto menos extraordinarias. Si ella puede, tú también.

13

EL NOMBRE DE
LA ESPERANZA

Una mañana de octubre, mi teléfono empezó a sonar: era Valeria, una joven ucraniana que vive aquí y que, como yo, da de comer a los perros y es una defensora del bienestar animal.

Como alguien con preparación veterinaria, Valeria ha visto animales con todo tipo de lesiones, enfermedades e infecciones a lo largo de los años. Si tuviera que describirla, diría que es inmutable. Solemos intercambiar mensajes por WhatsApp, consejos sobre qué hacer con los perros, cosas así.

Así que cuando ella me llama en lugar de enviarme un mensaje, algo que hacemos habitualmente, sé que es por un tema serio. De hecho, suele ser porque está desesperada.

—¡Niall, necesitamos que vengas ahora mismo!

Noté el pánico en su voz; prácticamente me estaba gritando.

—Esta perra se va a morir. Por favor, Niall, ven ya, lo más rápido que puedas.

Nunca había oído a Valeria así. Busqué mis llaves y me subí de inmediato a la moto para ir a ver qué pasaba. Cuando llegué diez minutos después, Valeria y una mujer alemana estaban intentando calmar a una perra en un estado de lo más terrible. Y solo me hizo falta ver el clavo de 8 centímetros que tenía profundamente clavado en la pata delantera izquierda para entender por qué estaba quejándose.

La revisé mejor y me di cuenta de que la conocía. Había sido parte de mis rondas durante varios meses. Era mediana y de color marrón y negro, pero yo no lograba distinguir ninguna de las razas de las que era cruce. No había en ella ninguna característica distintiva, era una de veinte perros que merodeaban por un claro de la selva, ubicado entre algunas chozas de trabajadores migrantes.

Aquí en la selva los perros tienden a acercarse a donde están los humanos, donde saben que habrá sobras de comida, una fuente de agua limpia y quizá, si tienen suerte, algo de afecto y atención.

Sin embargo, como el trabajo migrante es estacional, la gente que mora en las zonas de trabajo no habita allí todo el tiempo. Ese espacio en particular era una de nuestras paradas matutinas habituales en las rondas de reparto de comida, porque pensábamos que era probable que los perros no tuvieran nada de comida si los trabajadores ya se habían ido.

Al lugar acudían perros de diferentes zonas, pero recordaba a esta en particular porque siempre se quedaba en el perímetro de la manada. Jamás empujaba para llegar hasta el frente. Era tímida, silenciosa y reservada. No molestaba a nadie. Sabía cuál era su lugar y agradecía cualquier cosa que se le diera. Hay millones de perros como ella.

Solo había empezado a prestarle atención unas semanas atrás, cuando había dado a luz a unos cachorros. De hecho, rescaté a una de sus cachorros, tan asustadiza que no quería comer. La llamé Pipsqueak[12]. Alguien sugirió que probablemente asociara la comida con algo que la había asustado, una explicación tan plausible como cualquier otra. Era mucho más pequeña que sus hermanos y, obviamente, con ese tamaño no iba a sobrevivir en la selva. Pude llevarla a un lugar seguro y, felizmente, encontrarle una familia que la quería en Bangkok. Pipsqueak tuvo suerte, porque solo la mitad de los otros cachorros había sobrevivido. Esa es la norma aquí en realidad, aunque no escribo mucho sobre eso en mi Instagram porque la gente no necesariamente quiere enterarse de las malas noticias.

Después de castrar a los cachorritos, pudimos castrar también a la madre para que no tuviera que pasar por todo eso otra vez, y por

---

12. *N. de la T*: Palabra que, en inglés, designa algo insignificante. En este contexto, puede asemejarse a «pulguita».

suerte siguió yendo a buscar comida después de lo ocurrido, de manera que había estado bien... hasta ahora que alguien había decidido clavarle un hierro en la pata.

Ni Valeria ni la mujer alemana ni yo teníamos tiempo para ponernos a pensar en cómo diablos ese clavo había llegado a clavarse tan profundamente en su pata. Lo importante era sacárselo. Y rápido.

Le pedí unas pinzas a un compañero voluntario tailandés y, mientras sujetaban a la pobre perrita que yacía aterrorizada en el suelo, me dispuse a sacarle el clavo. Soy un hombre de 72 kilos y, sinceramente, tuve que usar toda mi fuerza para extraer ese maldito clavo. Necesité cuatro tirones fortísimos para sacárselo del todo.

—Ya pasó, amiguita —tratamos de tranquilizarla todos mientras la acariciábamos—. Tú sí que eres valiente, ¿eh?

Esta no era una perra a la que le gustara la atención de los humanos; sabíamos que era más bien de personalidad tímida. Pero no cabía duda de que era un hueso duro de roer. En ningún momento había intentado huir con ese clavo atravesándole el cuerpo, como si supiera que estaba en un verdadero apuro y tenía que dejarnos ayudarla.

Afortunadamente, contábamos con los conocimientos de veterinaria de Valeria, que la cosió, le inyectó antibióticos para evitar una infección y le dio la atención de emergencia que necesitaba. Lo único positivo de la situación era que la herida había sido limpia y el hueso de la perra no había quedado fracturado.

Como era lógico, la perra parecía en shock, pero iba a recuperarse. Aunque estábamos trabajando a toda velocidad, las casetas para perros del refugio aún no estaban listas para albergar a nadie, pero aun así reorganicé algunas cosas y logré dar con una solución temporal, puesto que el caso era muy grave.

Todos coincidimos en que la herida era terrible y nos pusimos a especular sobre qué habría pasado. Tampoco es que aquí haya cámaras de vigilancia en todas las esquinas precisamente, no es como en el Reino Unido. Es imposible saber cómo y por qué a los perros les pasan esas cosas, así que nos basamos en conjeturas y en nuestros mejores instintos detectivescos.

Esa noche, hablé con algunos constructores de la zona y me confirmaron que ese clavo solo podía haberse disparado con una pistola neumática, porque habría sido imposible forzar a la perra a quedarse quieta el suficiente tiempo como para clavárselo tan directa o profundamente. ¿Por qué demonios querría alguien hacer algo así? No era una perra agresiva ni molesta. Era un perro más de los que formaban el paisaje de la zona y llevaba una vida tranquila.

Hay perros que sí te llaman la atención en cuanto los ves, ya sea porque son muy bonitos o porque tienen personalidades llamativas. Pero esta no: no era una líder, ni tampoco una «estrella».

Nos preguntamos si existía la posibilidad de que hubiera sido un accidente, que quizá ella hubiera estado en el lugar y momento equivocados. Sin embargo, como la perrita siguió viniendo a buscar comida y podíamos hacerle un seguimiento, nos olvidamos un poco del asunto. Al fin y al cabo, siempre hay algún perro por el que preocuparse.

Pero unas semanas después, en una de mis rondas de reparto de comida habituales, la identifiqué y vi algo muy angustiante. Tenía, en un lateral del cuello, un corte que claramente había sido hecho con un objeto cortante. Parecía de un machete. Y no había forma de que hubiera sido accidental.

Se me cayó el corazón al suelo. Me di cuenta de que el incidente de la pistola de clavos tampoco había sido un accidente. Alguien se había ensañado con esta perra y la estaba maltratando a propósito. A la mayoría nos parece incomprensible que un ser humano quiera hacerle daño a un perro indefenso. ¿Por qué?

No es inaudito que haya personas que intenten matar a perros si consideran que estos están siendo un incordio. Ya sé que es impensable, pero sucede. Hay perros que aparecen degollados o envenenados. Pero esto era distinto. No le dispararías a un perro con una pistola de clavos ni le harías un corte en el cuello a menos que tu objetivo fuera maltratarla y causarle dolor. Había alguien enfermo que disfrutaba de torturarla.

Incluso si lográbamos encontrar a la persona o las personas responsables de aquello, aquí no es posible pedir una condena por crueldad animal. No hay legislación sobre eso, tristemente, por mucho que me hubiera gustado que alguien pagara por esa deleznable acción criminal.

La herida de cuchillo, aunque grave y relativamente profunda, por suerte no era letal. El gran problema era capturar a la perra para darle el tratamiento adecuado. Por desgracia, pero no por sorpresa, su comportamiento había cambiado por completo después del ataque con el cuchillo. No quería que nadie se le acercara lo más mínimo. Su naturaleza confiada, obviamente, había quedado hecha añicos por culpa de quien la estaba hiriendo de esa forma tan retorcida.

Llevé las píldoras sedantes a la zona por la que ella solía rondar con la esperanza de poder capturarla. Reservamos los sedantes para cuando necesitamos atrapar a perros muy salvajes para llevarlos a castrar o al veterinario, pero no es fácil lograr que se las tomen. Si las pones en un recipiente de comida, no tienes ninguna garantía de que las ingiera el perro correcto. Y a un perro que te permite ponerle el medicamento en la boca no hace falta sedarlo para que te acompañe en primer lugar.

Pero cualquier intento valía la pena. Ese día fuimos unos cuantos al lugar en el que vivía la perra, todos preocupados por su bienestar. Llevamos todoterrenos, diferentes collares y redes, pero no sirvieron de nada. Era imposible capturarla.

Además, me reconocía, así que en cuanto me veía la cara, echaba a correr, porque sabía que queríamos atraparla. ¿Quién podría culparla por esa actitud desconfiada? Los otros voluntarios insistieron. Sabíamos lo importante que era ayudarla.

Intentamos capturarla durante diez días hasta que, al fin, cuatro de los otros voluntarios lo lograron trabajando en equipo. Pudimos curarle la horrenda herida de cuchillo sin muchas complicaciones, pero sabíamos que esta vez no podíamos devolverla a su hábitat, donde podría ser objeto de más violencia y crueldad. Era demasiado vulnerable. Necesitábamos ponerla a salvo.

En esa época, el refugio ya se encontraba totalmente operativo y teníamos un lugar al que poder llevarla, así que esta pobre víctima del maltrato humano fue una de las primeras residentes del refugio. No sabíamos qué le depararía el futuro: lo único que podíamos tener era esperanza. Y ese es el nombre que elegimos para ella, Hope [13].

Lo cierto es que nos hacía falta el optimismo para lidiar con Hope y su terrible estado. Las heridas físicas tenían solución, pero las cicatrices mentales, como las de muchas víctimas de maltrato y abuso, tardarían mucho en sanar.

Hope era una perra que se había recluido completamente a causa del maltrato y el abuso repetidos. Su espíritu se había quebrado. Era incapaz de funcionar como una perra normal.

Se pasaba las horas hecha un ovillo, lo más pequeñita posible, y ni siquiera podía reunir la energía para caminar. Para hacer sus necesidades, quería estar totalmente sola (lo cual me parece válido), pero yo tenía que llevarla en brazos hasta los arbustos. Era como levantar una roca de 20 o 30 kilos en cada viaje.

Hasta había perdido sus instintos básicos y las ganas de comer. Estoy seguro de que se moría de hambre. Y, sin embargo, su apetito se había ido al mismo lugar al que habían ido a parar sus ganas de vivir: al traste. Jamás fue agresiva, algo quizá esperable de un perro en esa situación. Lo que hacía, en cambio, era aislarse. No quería tener trato con el mundo.

---

13. *N. de la T.:* En inglés, «esperanza».

Mi experiencia con mis propios episodios depresivos me permitía entender eso de no encontrar la voluntad para levantarse de la cama, y es que a mí me había pasado lo mismo. Además, reconocía todos los signos del estrés postraumático causado por el maltrato y el abuso, porque me recordaban a lo que, muchos años atrás, había sufrido mi propia madre a manos de su pareja violenta, Andreas. Era como si Hope, que probablemente no tendría más de tres años, hubiera renunciado a la vida, como si no le quedara ni un gramo de esperanza.

Me fui a dormir abatido. Esa noche, me acerqué un poco más a Snoop: su presencia peludita me daba calor y me ayudaba a disipar algunos de esos recuerdos tristes de mi infancia.

Aunque es cierto que no quisiera estar haciendo ninguna otra cosa, a veces el trabajo en este lugar te afecta. La ansiedad y la depresión siguen siendo parte de quien soy. Por desgracia, nunca se van para siempre. Solo adquieres las herramientas para manejarlas mejor y aprendes que siempre hay luz en la oscuridad.

Como tantas otras veces, fue la bondad de gente desconocida lo que me levantó el ánimo. Tras un fin de semana algo sombrío que me pasé en su totalidad pensando en la pobre Hope, estuve corriendo por todas partes tratando de capturar perros para llevarlos a castrar, y se me rompieron tanto las chancletas como las zapatillas de correr, que quedaron destrozadas. Estaba tan liado que acabé caminando por ahí con dos chancletas del pie derecho. Compartí mi «desdicha» en las redes, pensando en que la gente se reiría por lo ridículo de mi situación, pero la reacción no fue solo risas: ¡al menos cuarenta personas me pidieron mi dirección para enviarme calzado nuevo! Una mujer de Estados Unidos incluso me envió una foto de unas chancletas desde una tienda para que escogiera un par, y de ahí planeaba irse a la oficina de correos para enviármelas. Que Dios la bendiga, su generosidad me dejó sin palabras.

Después de todos estos meses, he aprendido que, si alguna vez el sentimiento de que no puedo más, de que estoy agotado y calado hasta los huesos me hace dudar de la misión aunque sea solo por un segundo, tengo que pensar en las personas que me ayudan y me animan a seguir. Nunca me han conocido en persona y, aunque nos separe un océano, siento que me conocen y son mis amigos, y que sienten la misma pasión que yo por ayudar a los animales. Sus mensajes son encantadores y significan mucho para mí, porque me levantan el espíritu cuando estoy apagado. Realmente me ayudan a seguir y me llegan al corazón.

Lo que más me emociona es la cantidad de padres que me contactan para decirme que sus hijos siguen el progreso de los perros mientras desayunan. Me impacta y, a la vez, me emociona: ahí se podría estar forjando una mente joven que luego trate bien a los perros el resto de su vida. Los jóvenes y su amor natural por los animales son cruciales para mi trabajo. He empezado a dar charlas a los niños y a hacer vídeos en YouTube sobre lo que hacemos porque, si podemos inspirar a los más pequeños, ellos luego podrán educar a los adultos de su vida.

En esencia, son los perros valientes y resilientes, y las personas generosas y de buen corazón, los que me ayudan a superar todos los desafíos inevitables.

Sé que en la actualidad todo el mundo, sin importar de qué rincón del globo provengan, anda justo de dinero, que la crisis del coste de vida nos afecta a todos en general, y eso es lo que hace que valore tanto las donaciones que me llegan, el cien por cien de las cuales se destinan a los tratamientos y al cuidado veterinario de los perros. Son las donaciones lo que nos permite, literalmente, salvarles la vida.

Y todos los mensajes de apoyo sobre lo que hacemos me confirman que este trabajo crucial debe continuar y me fortalecen el espíritu. Cuando salgo rumbo a la montaña cargado de comida para perros, siento que hay personas maravillosas dándome ánimo, y eso es muy importante para mí.

La recuperación de Hope fue lenta. Su nombre en sí mismo era como una ironía, porque a esta perra la esperanza parecía haberla abandonado, pero aun así rezábamos para que, en algún momento, pudiera darle un giro a su vida, que fuera capaz de vivir la buena vida que se merecía.

Empezó a ir sola a hacer sus necesidades en lugar de que yo tuviera que cargarla. Tal vez era ir a paso de tortuga, pero era un avance. La animábamos a avanzar un metro y luego le dábamos algo de comer como recompensa. Otras veces era claro que quería estar sola y necesitaba relajarse un rato sin compañía.

Le había crecido el pelo y ya no se le veían las marcas dejadas por el cuchillo ni del clavo, pero las cicatrices mentales habían calado hondo. Me preocupaba que quizá nunca pudiera llegar a tener una vida normal, pero no iba a dejarla sola.

Y la paciencia empezó a rendir sus frutos: a las cuatro semanas, Hope ya salía a pasear con los otros perros, además de ir sola a los arbustos para hacer sus necesidades. Ojo: al terminar, volvía directamente a su caseta, pero me daba ternura que se refugiara allí, en la comodidad de su camita y sus mantas. Por primera vez, tenía algo que le pertenecía. Ese era su lugar seguro. Todos necesitamos uno.

Poco a poco, logramos que Hope tuviera más ganas de comer y diera los mismos paseos que el resto. Ya no llevaba la cabeza tan gacha ni la cola entre las patas. Parecía que, al fin, se estaba convenciendo de que en el mundo había un lugar para ella. Aquella mejoría era un alivio inmenso.

Unas seis semanas después, la siempre maravillosa McMuffin había conseguido ganarse la confianza de Hope lo suficiente como para jugar un poco juntas. McMuffin era su perra de terapia; cuidar de los demás perros se le daba con total naturalidad. King Whacker (al cual presentaré en breve) también la trataba como todo un caballero. Era conmovedor ver cómo los otros perros hacían piña para apoyarla, toda una muestra de lo importantes que pueden ser los buenos amigos.

Recuerdo un día verdaderamente especial en el que Hope se tumbó para que le acariciara la barriga. «Ahora sí, Niall, ¿unos mimos por favor?» pareció decirme, honrándome con su confianza.

No soy especialista en comportamiento animal ni nada de eso, pero cuando estudias a los perros aprendes a reconocer cómo se pueden estar sintiendo. Debes tratar de ver las cosas desde su punto de vista. Hope, debido a todas las experiencias horrorosas que había tenido con los seres humanos, solo podía pensar: «Estas personas van a hacerte daño». Necesitábamos demostrarle que no éramos así.

Hope necesitó tres meses de estancia en el refugio para empezar a bajar la guardia y vivir algo que pudiera llamarse una vida normal de perro. Hoy es una más de la manada, una perra totalmente diferente de la víctima de maltrato que conocimos. Me aventuraría a decir que ha logrado llegar a un punto en el que puede pasar cerca del 80 por ciento del tiempo sin estar a la defensiva. Percibo que todavía hay una parte de ella que piensa que todo lo que está viviendo es demasiado bueno para ser verdad y que no va a durar para siempre… pero en general se la ve mucho más suelta, algo que no estaba seguro de si veríamos alguna vez.

Corre distancias grandes y ha recuperado su personalidad. De hecho, es una perra muy cariñosa y le encanta estar con cachorros. Se nota enseguida que ha sido mamá: sabe cómo es y qué hacer. El instinto maternal no la ha abandonado.

Lo que adoro de Hope es que, para las víctimas de abuso y maltrato, su experiencia es la prueba de que en la vida no siempre habrá oscuridad. Hay luz al final del camino.

Si la conocieras sin saber su historia, probablemente pensarías que es introvertida o hasta aburrida para ser un perro. Quizá no te mire ni busque afecto. Aunque por fuera no vieras nada raro, tal vez la rechazarías pensando en que no es una perrita divertida.

Creo que lo mismo pasa con la gente. Todos tenemos cicatrices ocultas (no necesariamente físicas) y somos especialistas en esconderlas. Puede ser una adicción, la infidelidad hacia una pareja, la depresión, el no poder tener hijos, la ansiedad, la pena, el remordimiento, el maltrato, el abuso, la ruina financiera o cualquier otra cosa negativa que nos pueda afectar.

~~~~~

Y ahora, todo lo bueno que sueño para cualquier perro es una realidad para Hope.

Unos meses atrás, una chica inglesa llamada Steff quiso venir a visitar el refugio y ayudar a cuidar, alimentar y pasear a los perros. Muchos me preguntan si pueden hacer lo mismo, y mi sueño es que algún día pueda decirles que sí a más personas y tener un programa de voluntariado organizado. Por ahora es imposible, pero en ese momento acepté que Steff viniera.

Llevamos a los perros a pasar un día especial en la playa. Creo que, como los humanos, se merecen poder darse algunos buenos momentos en la vida. En el camino de regreso, miré por el espejo retrovisor y vi que Steff le dio un beso en la cabeza a Hope y le susurró algo al oído, nada raro para alguien que adora a los perros, y sonreí. Fue fabuloso ver a Hope recibir esa muestra de afecto y mirar a Steff con cariño y confianza, sobre todo después de todo lo que habíamos pasado con ella.

A los tres días, Steff me envió un mensaje por WhatsApp. «Me encantaría llevarme a Hope conmigo a Inglaterra. ¿Estarías de acuerdo?».

¿Que si estaría de acuerdo? ¡Estaba encantado! Steff me comentó que no le había sido fácil preguntármelo, porque creía que yo estaba muy apegado a Hope y viceversa, pero que ambas habían conectado de una manera muy especial. La perrita había progresado muchísimo y ahora Steff quería cuidarla y darle un hogar junto a ella.

Mientras escribo esto, Steff está preparando la documentación para que Hope viaje a Inglaterra, donde vivirá rodeada del amor de su familia. Probablemente necesitará un abrigo ahora que llega el invierno, pero lo que más me importa es que Hope tenga su final feliz después de toda la incertidumbre sobre si algún día lograría salir de su caparazón.

Siendo honestos, la experiencia con esta perrita también ha sido muy significativa y sanadora para mí. No pude proteger a mi madre de los golpes y los maltratos en mi juventud, pero sí había podido darle un refugio seguro a Hope.

Aunque no pretendo dar consejos sobre cómo vivir, me contento con que la historia de Hope y toda su lucha ayude a quienes necesiten recordar que la vida puede cambiar. Quizá te sientas como una víctima indefensa, pero por dentro eres más fuerte de lo que crees.

Por favor, no tiréis la toalla. Como les pasó a Hope y a mi madre, vendrán tiempos mejores. Se puede huir del dolor y, con amor y paciencia, tu futuro también puede ser prometedor.

Hope quizá sea solo una perra a miles de kilómetros de distancia de donde vives, pero también es mucho más. Podría ser cualquiera de nosotros, o uno de nuestros seres queridos. Y nos demuestra que, con amor, amigos y lo mínimo esencial, todo es posible.

14

AL QUE NO PUDIERON MATAR

El día a día en Koh Samui a veces parece una mezcla del protocolo de intervención de un hospital y un campo de batalla. Ya sé que puede sonar como una exageración total, pero por lo general así se vive el trabajo con los perros de la calle y la selva.

Patas rotas, cachorros recién nacidos todos los días, perros con heridas abiertas, con enfermedades graves, abandonados, atacados por humanos, peleas descomunales, etcétera. Nunca sabes qué te vas a encontrar.

Un mediodía, me llegó un aluvión de llamadas perdidas de una señora rusa que vivía en la otra punta de la isla. No era nada raro, porque muchas personas han conseguido mi número y a veces lo usan como un servicio de emergencia paralelo. Si un perro necesita ayuda, la gente se dice «llamemos a Niall». Los turistas llaman comprensiblemente preocupados, pero muchas veces los asuntos no son tan urgentes como creen y no requieren que lo deje todo para acudir al rescate. He llegado a recibir veinte llamadas como esas en un día. Es físicamente imposible responder a todas.

Sin embargo, en cuanto vi la foto que me envió la señora rusa, supe que tenía que acudir de inmediato. Sus nervios estaban justificados. Nunca había visto nada igual. En la foto se veía claramente que un pobre perro había sido atacado por un humano con tantas ganas de matarlo que le había abierto la cabeza en dos. Fue una de las cosas más estremecedoras que he visto.

Agarré la moto (el todoterreno estaba roto y arreglarlo estaba en mi lista de tareas pendientes) y debo haber superado todo límite de velocidad conocido para cruzar la isla en veinticinco minutos. Los nudillos se me quedaron blancos de tanto apretar el manillar.

Llegué con la adrenalina por las nubes y la mandíbula rígida por la tensión.

En el exterior de la casa de la señora se respiraba la histeria. Con mucha lucidez, alguien había cercado al pobre perrito aterrado en el patio delantero para que no pudiera escaparse y estuviera lejos de los chiquillos de la familia. Aquel terrible espectáculo era demasiado para los ojos inocentes de cualquier niño. Debo confesar que yo mismo estaba un poco afectado, por no hablar del pánico que empezaba a sentir sobre qué medidas tomar.

Para entonces, ya estaba acostumbrado a tener ciertos medicamentos básicos en casa, algunos de ellos antibióticos, analgésicos y productos contra pulgas y garrapatas. Pero esta vez sabía que nada de lo que tuviera en la moto o en casa serviría.

Me agaché para ver mejor a la víctima canina.

—Hola, amiguito, ¿qué te ha pasado, eh?

Tenía los ojos bien abiertos y me miraba suplicante. No estaba nada bien. La hendidura era muy profunda y le cruzaba la frente justo por el centro. Había sangre coagulada en el pelaje, pero a este animalito se le veían, literalmente, el cerebro y otras partes de su anatomía. Los perros heridos y doloridos pueden tener comportamientos impredecibles, como gruñir y morder. ¿Y quién puede culparles? No es más que lógico si acaban de sufrir un trauma terrible como este a manos de un humano.

Necesitaba ser extremadamente cuidadoso. Muy despacio, me acerqué y le acaricié la barriga para distraerlo y poder ver esa herida horripilante más de cerca.

—Vamos a intentar ayudarte, amiguito —le dije con calma mientras miraba preocupado la profundidad y el ancho del corte.

Podía sentir cuánto le dolía mientras, a lo largo de 20 largos minutos, trataba de consolarle mientras yo me mantenía al teléfono intentando conseguir un transporte. Y, sin embargo, me chocaba lo sereno que estaba.

La situación era casi desconcertante. Ese perro tenía todos los motivos para estar como loco y querer atacarme, pero en su lugar percibía que yo iba a ayudarlo, no a causarle más dolor.

Estaba en un estado delicadísimo y su vida casi pendía de un hilo, así que tenía bien claro que no podía subirlo a la moto. En cuanto al corte, se había hecho con mucha precisión entre ambos ojos, así que jamás habría podido ser un accidente. Alguien debió haberlo hecho a propósito. No puedo ni concebir por qué un ser humano querría matar a un perro de esa manera.

Le puse la mano en la barriga con mucho cuidado y sentí que estaba asustado, respirando agitadamente. Sin dejar de acariciarlo para transmitirle calma, logré conseguir que una camioneta pasara a buscarnos. Ni siquiera sabía si un perro podría sobrevivir a algo así; la herida parecía tan grave que, en mi fuero interno sentía que no lo contaría, pero tenía que intentar llegar hasta una clínica veterinaria.

Unos vecinos muy amables trajeron toallas y, con muchísimo cuidado, lo levanté y lo apoyé en el asiento trasero de la camioneta, para luego sentarme a su lado.

Se lo veía tranquilo y parecía confiar en mí. Yo estaba abrumadoramente consciente de que el mínimo movimiento equivocado podría afectar un nervio, cercenar una arteria y matarlo. Los diez minutos de viaje que tardamos en llegar a la clínica veterinaria se me hicieron una verdadera eternidad. Subí al perrito a mi regazo para mecerlo un poco y darle ánimos.

—Vamos a ayudarte, chiquitín, resiste un poco, ¿sí?

El perrito iba un poco cabizbajo por razones obvias y, con cada bache y movimiento del vehículo, dejaba escapar un gemidito (y yo una mueca empática de dolor), pero igual seguía pasmosamente sereno teniendo en cuenta que su cerebro estaba casi expuesto. Pensé que quizá estaba en shock, como estarían otros perros en su situación.

Había llamado al veterinario para avisarle de que estaba de camino por una emergencia y, en cuanto llegamos a la clínica, todo el mundo nos abrió paso y llevaron al perro directo al quirófano. Yo me quedé en la recepción pensando en si saldría de allí con vida. Quizá era demasiado optimista.

«Anote el nombre del paciente, por favor», me dijo la recepcionista mientras me daba la hoja blanca que ya conocía muy bien y un viejo bolígrafo. Es la primera pregunta que te hacen en la clínica veterinaria, por supuesto, pero no había tenido tiempo de pensar en eso. En esos momentos, yo sentía que tenía el cerebro tan hecho fosfatina como el pobre perro.

Pensé en el tremendo golpe que le habían dado en la cabeza y escribí «Whacker»[14].

Enseguida lo anestesiaron mientras el veterinario lo revisaba bien. No sabía si se podría salvar a ese perro, pero pensaba hacer todo lo posible.

En la veterinaria ya me conocían y, mientras esperábamos, nos pusimos a especular sobre qué podría haberle pasado a Whacker. Parecía que le habían dado un golpe seco con un pico o una pala de mano con la clara intención de matarlo. Los lugareños me dijeron que, en el mismo lugar en el que lo habíamos encontrado, habían envenenado a cinco perros el año anterior. Quien lo hizo tal vez pensó que eso sería más rápido que envenenarlo…

Efectivamente, si el golpe hubiera sido medio milímetro a la derecha o a la izquierda de donde tenía la herida, el ataque le habría provocado una muerte inmediata.

El veterinario dijo que la recuperación o no de Whacker dependía de las próximas doce horas. Según su experiencia, si el pobre perro sobrevivía a esa franja de tiempo crítica, quizá lograría recuperarse.

Yo no podía hacer más que irme a casa y esperar. Sabía que Whacker estaba en buenas manos, pero no dormí mucho porque me

---

14. *N. de la T.:* El nombre viene del inglés *to whack,* que significa «golpear».

quedé muy preocupado. No era el primer caso de maltrato animal que había visto, pero sin duda era el más gráfico. ¿Cómo puede alguien hacerle algo así a un animal inocente?

Al día siguiente, me fui directo a la veterinaria. ¡Whacker había sobrevivido a la noche! A todos se los notaba aliviados. Le habían dado puntos y lo iban a dejar en observación durante el resto del día. El pobrecito estaba tan mal que daba miedo, eso sí. El veterinario le había tenido que poner una vía especial en la herida para drenar la sangre, el pus y los líquidos (era como un «caldo de cerebro», a falta de un término más científico; probablemente te haces a la idea).

Además del dolor y la cabeza malherida, Whacker tenía otros problemas comunes de los perros callejeros: pulgas, garrapatas y malnutrición, aunque todo eso se podía resolver con un poco de cariño y cuidado.

Como el paciente debía estar bien limpio para evitar infecciones, el veterinario le había puesto un cono protector de plástico para que no se golpeara, se rascara o se ensuciara la herida. Si alguna vez has llevado a una mascota a que le practicaran alguna intervención, aunque fuera mínima, te harás una idea de a qué me refiero y sabrás lo mucho que los animales en general detestan tener eso puesto y las ganas que tienen de quitárselo cuanto antes.

Este perro, sin embargo, que el veterinario suponía que tendría entre 6 y 8 años, se lo dejó puesto sin ningún problema. Quizá en Irlanda los perros tienen más actitud de diva y por eso rechazan un sombrero tan ridículo, o quizá aquí los perros están tan agradecidos por cualquier cuidado que reciban que lo aceptan mejor. ¿Quién sabe? Fuera cual fuera la respuesta, la verdad seguía siendo que Whacker era un perro muy dulce.

De hecho, no solo aceptó el cono, sino que parecía llevarlo orgulloso, como diciendo: «Miradme, ¡me están curando!».

Lo llevé al refugio para darle los cuidados posoperatorios allí, y Whacker se pavoneaba con el cono, casi como si fuera un símbolo de estatus que mostraba que ahora se preocupaban por él, lo querían y lo cuidaban. ¡Tú puedes, Whacker!

El orgullo con el que llevaba el cono le daba un aire a realeza y su trotecito orgulloso nos recordaba al de un pequeño rey: así nació King Whacker [15].

Durante las dos a tres semanas que duró su recuperación, tuvimos que llevarlo varias veces al veterinario. Yo estaba seguro de que nuestro valiente amiguito iba a salir adelante, porque había empezado a dar algunos paseos conmigo (al principio, breves) en el patio y parecía ir mejorando cada día.

Como King Whacker es tan cariñoso y amistoso, y le gusta mucho conocer a gente, tenía casi la certeza de que lo habían atacado por frecuentar el lugar equivocado. Quizá se había habituado a estar en una casa, un complejo turístico lujoso o un área privada elegante donde su presencia no era bienvenida. Además, le gusta cavar hoyos, por lo que si estás intentando que tu jardín esté presentable, vas a querer deshacerte de ese problema.

Mi conclusión fue que su gran tamaño, inocencia y afabilidad fueron lo que casi le provoca la muerte.

Era fabuloso ver su progreso. En una manada de perros siempre hay un líder; lo necesitan y confían en esa figura, y King Whacker resultó ser un líder inigualable. Mientras que otros perros alfa utilizan la fuerza física para imponer autoridad con los métodos más habituales, como gruñir, pelear o acaparar toda la comida para demostrar quién manda, King Whacker no. Él no necesita nada de eso: él es el jefe, el rey, y todos lo respetan. Va feliz de un lado para el otro controlando a la manada sin jamás tener que hacer demostración alguna de fuerza o tener que recurrir a ser agresivo.

Como un verdadero rey, es admirado y guía predicando con el ejemplo. Es el primero en irse a su caseta sin chistar, espera su

---

15. *N. de la T.: King* significa «rey» en inglés.

comida con paciencia y, si otro perro está armando un lío, Whacker lo controla con una sola mirada o un golpecito de hocico. Es uno de los perros más grandes, aunque no llega a ser enorme, y aun así jamás usa su tamaño contra nadie más.

Me lo imagino como el padre perfecto, que vuelve a casa después de un día largo de trabajo y aun así encuentra la energía y la paciencia para sentarse en el suelo a jugar con sus hijos.

Algo que me parece encantador es cuando los cachorros corretean los unos con los otros llenos de vitalidad y King Whacker finge como que no puede atraparlos. Está claro que podría si quisiera, porque es más grande, más rápido y más fuerte, pero no tiene nada que demostrar.

El perro dominante establece la dinámica de grupo del resto de la manada, y King Whacker tiene un comportamiento impecable y los demás lo imitan.

Es un animal honorable y maravilloso que me ha enseñado que los milagros existen y que debemos atesorar cada momento de felicidad. Desde el instante en que llegó a mi vida estando al borde de la muerte, y después durante la larga recuperación, jamás se olvidó de disfrutar lo bueno que le traía la vida.

Cuando corre, cuando cava hoyos en la arena… disfruta de cada segundo y lo vive al máximo como si fuera el último.

Más que nadie, King Whacker me ha enseñado que puedes tener tropezones en la vida (y que te hayan abierto la cabeza en dos es uno bien grande), pero no puedes dejar que te arruinen la diversión.

Además, no le guarda rencor a nadie y es puro amor. Su optimismo lo ha fortalecido. Su ejemplo me enseñó que no debía enfadarme y perder los papeles por la crueldad y la violencia que el pobre había sufrido, sino enfocarme en educar mejor a la gente.

El plan siempre fue devolver a King Whacker a un lugar seguro en las calles cuando se hubiera curado. Sin embargo, algunas personas expresaron interés por darle un hogar permanente. Aunque lo cierto es que decir «algunas» sería mentir, porque nos llovieron las ofertas. Este magnífico perro era tan popular por mis publicaciones en las redes que fueron más de cincuenta las personas de todo el mundo que se ofrecieron a adoptarlo. Todavía quedan algunos detalles de la adopción por resolver, pero me alegra decir que King Whacker por fin podrá llevar la vida que se merece y viajará a su hogar permanente el próximo verano.

Alguien intentó matarlo, y aun así, una vez más otro perro increíble nos ha demostrado que los milagros existen y que esta vez el bien triunfó sobre el mal.

15

NO TENÍA SALVACIÓN...
PERO AHORA PUEDE
CON TODO

Si hubiera más humanos como Derek, el mundo sería un lugar mejor. Es amable, modesto y muy agradecido por lo poco que tiene. He aprendido tanto de este perro callejero que es casi uno de mis héroes. Es el ser más generoso que pueda existir.

Derek, un mestizo nacido y criado en las calles de Koh Samui, nunca había tenido nada que le perteneciera ni un humano que le diera afecto, y había tenido que ganarse con mucho esfuerzo cada comida. Su vida no era distinta de las de muchos otros perros callejeros, una serie de desafíos diarios.

Nadie le había prestado particular atención hasta que Rod lo recogió de la calle y me dijo que había un perro, al que ya le había puesto de nombre Derek, que necesitaba mucha ayuda. El refugio, el lugar con el que yo había soñado durante tanto tiempo, ya casi estaba listo para recibir a su primer grupo de residentes. Rod me preguntó si podría albergar a Derek.

No había visto fotos ni vídeos de aquel perro, pero confiaba absolutamente en el criterio de Rod. Y si él había juzgado que un perro necesitaba ayuda, yo intentaría dársela.

Debo confesar, sin embargo, que quedé impactado cuando me lo trajo y lo vi. Ya tenía unos cuantos años, probablemente 10 o 12. No le quedaba mucho pelo, por lo que, estando en un mes frío y húmedo como lo era aquel octubre, el pobrecito se encontraba temblando y gimiendo suavemente por la falta de protección natural contra los elementos.

La piel de ese perro estaba en las peores condiciones que había visto jamás, a excepción de la de McMuffin con sus tumores. Derek también tenía heridas infectadas con sangre, pus y una asquerosa sustancia negra.

Dios santo.

Su cuerpo estaba en unas condiciones repugnantes. No había otra forma de describirlo.

Lo llevamos al veterinario, le hicieron análisis de sangre y las conclusiones fueron tan malas que parecía que no quedaba mucho por hacer.

—Este perro debería estar muerto con resultados así —me advirtió el veterinario—. Creo que ya no tiene salvación.

Sin embargo, no era la primera vez que un veterinario me daba un pronóstico pesimista, como había sido el caso de McMuffin. Y sentía que valía la pena tener una segunda opinión, así que le llevé los análisis a otro especialista.

—Este perro está virtualmente muerto, acabado —me confirmó el segundo veterinario, que incluso dijo que podía morirse esa misma hora—. No hay casi nada que podamos hacer.

El pobre animalito tenía un cóctel letal de hemoparásitos, una enfermedad cutánea, sarna y unas mil (sin exagerar) pulgas y moscas de la fruta que le caminaban por el cuerpo y se metían en las heridas. Tenía valores crónicos de glóbulos rojos, blancos y plaquetas muy bajos debido a la anemia. Parecía irreversible.

El veterinario dijo que incluso los medicamentos básicos para quitar las pulgas podían llegar a matarlo, porque su cuerpo estaba demasiado débil como para tolerarlos.

Es evidente que aquello no era lo que quería oír, pero tenía que aceptar que no todos los perros pueden salvarse. Con algunos simplemente se agotan las esperanzas. Así que me lo llevé al refugio. Lo mínimo que podía hacer era brindarle comodidad en sus últimos momentos. Le quité tantas pulgas como pude, pero le dolía que lo tocara.

Apenas habíamos terminado de instalar las casetas en el refugio y la construcción todavía era muy básica. El cemento estaba seco, pero frío. Este pobre perrito casi no tenía pelaje que lo abrigara y en el interior de las casetas aún no había camas.

Lo único que se me ocurrió fue irme a casa, quitar el edredón de mi cama y ponérselo en la caseta para que pudiera acurrucarse ahí durante la noche. Y ni siquiera podía tocarlo mucho para no causarle dolor, como había ocurrido cuando intenté sacarle las pulgas. Aun así, quería mostrarle que mi intención era ayudarlo, por lo que lo acaricié con el dedo meñique en los pocos lugares donde le quedaba pelo.

—Yo te cuidaré, amiguito —le dije, acariciándole la patita.

No pude evitar pensar que a lo mejor no sería tan terrible que su sufrimiento estuviera por llegar a su fin.

Me provocaba mucha tristeza. Al menos estaba bajo techo y acurrucado en el edredón. Era lo único que podía hacer para darle una mínima dignidad y comodidad en sus últimas horas.

Le di las buenas noches y cerré la puerta de la caseta con la certeza de que por la mañana estaría muerto. Me daba pena no haber podido conocerlo más y, a la vez, me preguntaba dónde lo enterraría al día siguiente.

Esa noche dormí muy mal y a las 6 a. m. ya estaba despierto y preparado para lo que me fuera a encontrar. Aún no había amanecido cuando fui al refugio y, una vez ahí, respiré hondo y abrí la puerta de la caseta… y, para mi sorpresa, el perrito seguía respirando. Había logrado sobrevivir aquella noche. Y después otra noche más. Y otra. ¡Y otra más! Durante cuatro días me fui a dormir pensando que me lo encontraría muerto al día siguiente y, cada día durante cuatro jornadas seguidas, me sorprendía, vivo contra todo pronóstico. Era un verdadero superviviente por naturaleza.

Lo único que hacía Derek era dormir y beber una cantidad enorme de agua, como si no pudiera calmar la sed. Después de cinco días durante los cuales había parecido que su vida pendía de un hilo, me pregunté si quizá habríamos subestimado su fortaleza. Con la precaución necesaria debido a todas sus lesiones cutáneas, le apliqué un poco de talco antipulgas y, tras una semana de tratamiento, ya no quedaba ni rastro de los insectos que se le metían en las heridas. Quizá Derek sí podría vivir unas semanas más… y sería toda una alegría lograr que fuera en mejores condiciones.

Y sin embargo, una vez más, Derek siguió resistiendo contra todo pronóstico y a pesar de las predicciones de los especialistas. Tras una segunda visita al veterinario, los resultados de sus análisis de sangre mostraron mejoría, por lo que empezamos a darle medicamentos para prevenir que volviera a pillar pulgas, garrapatas, y demás parásitos. Poco a poco, avanzaba. La medicación empezaba a funcionar.

Pasadas dos semanas, el perrito anciano no es que tuviera precisamente una mirada chispeante, pero podíamos ver que sus ojos estaban un poco menos apagados. Derek estaba recuperando el apetito y seguía bebiendo muchísima agua, así que yo sentí que todavía quería luchar. Había salido de la fase más crítica.

En un mes, pasó de apenas poder levantar la cabeza de la almohada a salir de la caseta para hacer sus necesidades. Era eso y luego regresar cuanto antes, pero todos estábamos sorprendidos porque, tres meses después, Derek seguía mejorando.

Subí fotos de sus avances y la gente enseguida se obsesionó con él. Era como si aquel perrito de ojos tristes hubiera renacido de entre los muertos. Todos lo querían mucho.

Un día me lo llevé a dar un paseo muy corto, de unos 100 metros más o menos, pero lo sentí como logro monumental. ¡Qué felicidad me dio! Es más: Derek empezó a tratar de hablarme. Ya sé que sonará raro, pero juro que hace unos gruñiditos que son como un canturreo, y juraría que es su forma de hablarme en idioma canino. Yo le escucho atentamente cuando siento que me dice: «Mírame, Niall, sigo aquí, ¿eh? Este viejecito no se da por vencido»; a lo que acompaña con un gesto que parece decir «Me das un poco más de comida, ¿por favor?». Estoy convencido de que si estuvieras aquí con él, también entenderías su idioma.

Lo más entrañable de Derek es el orgullo que siente por su caseta (su habitación «VIP», como me gusta referirme a ella) y lo mucho que se ha apegado al lugar. Mientras vivía en la calle tuvo que apañárselas para conseguir lo necesario para sobrevivir, desde agua hasta comida, y jamás había conocido los maravillosos efectos de la medicina. Y, de golpe y porrazo, le habían dado una casita nueva recién pintada y amueblada con una cama propiamente dicha. ¡Y era todo suyo!

Quienes habían seguido su milagrosa recuperación le enviaron mantas y juguetes de peluche que fascinaron a Derek. Para cualquier otro, su caseta quizá habría sido de lo más común, pero parecía que para él no tenía nada que envidiarle al Taj Mahal, con servicio de habitación dos veces al día incluido.

Derek me enseñó que lo material y el lujo no significan nada. Para sentirse feliz y realizado, ese perrito solo necesita ese pequeño espacio con techo, comida (sin tener que jugarse la vida para conseguirla) y un poco de amor.

Además, su pelaje está sanando: cada día le aparecen nuevos pelitos que van tejiendo un precioso pelaje de color negro y dorado, salpicado de algunas canas propias de la edad. A veces Derek siente un poco el frío y tirita, pero tiene unos pijamas calentitos para las noches más frescas o húmedas, y le sigue encantando que le acaricien la barriga, donde sus pijamas tienen agujeritos para que los disfrute a fondo. Su mirada cálida e inocente nos derrite el corazón a todos.

Ya no queda rastro del pus ni de ninguna sustancia negra enfermiza: lo único que emana de él es su carisma sutil, precioso y angelical.

Es un alma bondadosa que no quiere ladrarle a nadie ni pelearse con nadie, y que tiene entre sus actividades predilectas el darme la patita.

Por supuesto que Derek ya está entrado en años y tarde o temprano le va a tocar dejarnos, pero, cuando eso ocurra, lo hará en nuestra compañía y en el lugar que tan feliz le hace. Es el único perro que no se dará en adopción. Jamás podría hacer que alguien lo apartara de este lugarcito donde con tanto orgullo ha podido sentir que tiene un hogar. Aquí terminará sus días, rodeado de nuestro amor y atención.

Derek es la prueba de que, por mal que te sientas o que te estén saliendo las cosas, tienes que seguir luchando. Quizá hoy sientas que te encuentras en el epicentro de una situación catastrófica y, en apenas unos meses, te descubras a ti mismo corriendo por la playa, completamente liberado de tus preocupaciones. Él valora cada segundo de su vida y yo trato de seguir su ejemplo.

Y hablando de recuperaciones milagrosas, ¿recuerdas a Rodney, el cachorro que nombré casi al principio del libro? ¿El que tenía la piel al rojo vivo y era básicamente una bolita repugnante llena de sarna, costras y pus?

No le quedaba ni un pedacito de piel sana. Me quedé toda la noche en mi oficina cuidándolo, consciente de que ese perrito envuelto en mantas tenía tantas posibilidades de ver el amanecer como de no despertar nunca más.

Pues bueno, me complace inmensamente decir que, con algunos medicamentos básicos y un poco de amor y cuidado, fue ganando fuerza. Lo alimentamos con carne de res grasa y caballa fresca, y se recuperó por completo. Fue como un sueño hecho realidad para mí.

Lo menciono ahora, junto con la historia de Derek, porque el estado en el que ambos tenían la piel era desesperante. Y como había pasado con Rodney, la salud de Derek también dio un vuelco extraordinario. De hecho, la recuperación de ese pobre cachorrito del tamaño de un melón fue de las más increíbles que he visto en mucho tiempo.

Derek y Rodney se hicieron amigos y, antes de darnos cuenta, el más viejecito de los dos se volvió su protector. Se adoran. Es muy especial ver cómo los animales forman ese tipo de vínculos.

Compartí la historia de Rodney en línea. ¡Y qué reacción más fabulosa generó en la gente! Derritió los corazones de todo el mundo.

Mientras que la recuperación de Derek fue relativamente lenta (lo lógico para un perro más viejo), la de Rodney resultó ser cuestión de semanas. Era como si todos los días, a medida que crecía y sus células se renovaban, avanzara un paso más. Siempre supe que iba a ser un perro grande, porque el tamaño de sus patas era muy desproporcionado respecto al del resto del cuerpo. Por otra parte, con la mejora paulatina de su piel, poco a poco le fue volviendo a crecer un hermoso manto de pelaje gris.

Hoy Rodney está totalmente recuperado, y tan cambiado con respecto a cómo lo había encontrado Rod, que está prácticamente irreconocible. Está sano como un roble y rebosa energía, así que se pasa el día haciendo travesuras y le encanta el helado. Lo mejor de todo fue que, cuando pregunté entre la legión de amantes de los perros que me siguen en Instagram si alguno podía darle un hogar permanente a Rodney, se postularon más de 200 personas. Fue sencillamente increíble.

Me conmueve que haya tantas personas que se ofrecen a adoptar perros y cachorros. Aquí tengo un sistema ya bien engrasado: los potenciales adoptantes llenan un formulario y les hacemos un seguimiento, hablamos por videollamada y llevamos a cabo todos los pasos habituales con los que verificar que se trate de personas que aman a los animales y ver si se adecuarían a las necesidades y las personalidades del perro o la perra en cuestión. Para estos animales, tener dueños que los quieran y los valoren como se merecen les cambia la vida por completo.

Por su parte, Rodney ha conseguido un hogar permanente gracias a una preciosa pareja que espera con muchas ganas poder recibirlo en su vida. Viven en Gales, así que Rodney se llevará impermeable, pero sé que le espera un futuro feliz. Voy a echarle de menos, y no me caben dudas de que Derek también. Pocos han tenido la popularidad de Rodney, pero encontrarle un hogar permanente es más importante que retenerlo aquí conmigo.

Eso es lo que quiero para todos los perros. La prioridad son ellos y su bienestar.

Como nota final de este capítulo, debo decir que no todas las historias tienen un final feliz. Rescatar animales es un trabajo durísimo por naturaleza y hay muchas malas noticias y dificultades.

En octubre, pasó algo que resultó un gran golpe a nivel personal. Se trataba de Lucky, la primera perra de la que me enamoré en Koh Samui, y que siempre había sido muy especial para mí. Después de llevar una vida solitaria durante meses, se había apegado a Chopper, un cachorro al que habían abandonado que era pura alegría. Eran inseparables, y me encantaba poder darles algún capricho más que merecido, como por ejemplo llevarlos a pasar un día en la playa. Estos perros han tenido vidas verdaderamente difíciles, así que a todos nos viene muy bien divertirnos un poco los fines de semana.

Sin embargo, un día de otoño, los dos se esfumaron y nunca más los he vuelto a ver. Los quería muchísimo, sobre todo porque Lucky fue la primera perra callejera con la que creé un vínculo y la razón por la cual me propuse la misión de ayudar a los perros.

Sobra decir que hice todo lo posible para encontrarlos; removí el cielo y la tierra con la ayuda de muchos voluntarios. Todos adoraban a Lucky y a Chopper y sabían cuánto los quería yo también.

Nunca sabré con seguridad qué les pasó ni adónde fueron, pero no puedo detenerme a darle demasiadas vueltas o me volveré loco, y hay muchos otros perros que necesitan mi ayuda. Estoy 95 por ciento seguro (y tengo que abrigar esa esperanza) de que Lucky y Chopper están llevando una buena vida con humanos (hay mucha gente que va y viene en esta zona, y Chopper originalmente tenía «dueño», el que le había puesto un collar). Un 3 por ciento de mí cree que quizá se hayan adentrado demasiado en la selva, estén con trabajadores migrantes y algún día regresen. Y, aunque me cueste decirlo, un 2 por ciento de mí cree que les ha pasado algo malo o que alguien se los llevó tras verlos en las redes.

Algunos perros se pierden y, por desgracia, eso es parte de la vida, pero es la faceta más dura de este trabajo. Una cosa es lidiar con un perro enfermo o herido, porque ahí sé qué hacer… pero no saber dónde están me destruye. Tengo que rescatar a más perros y hacer de esa mi motivación. Quedarme lamentándome o enfadado sin hacer nada no me va a ayudar a rescatar a más perros.

Lo único que puedo hacer es tener una mentalidad positiva pase lo que pase. Algunos perros vuelven a aparecer. Quizá os suene exagerado o tonto, pero no hay una sola hora del día en que no piense en Lucky y Chopper. A veces me subo a la moto y salgo a dar vueltas para ver si los encuentro, empujado por la esperanza de que algún día volveré a ver a esos dos perros magníficos.

16

UNA COMIDA COMO DIOS MANDA

Cuando empecé a ayudar a los perros callejeros, mi principal preocupación durante los primeros nueve meses fue poder llenarles el estómago. Era evidente que los perros estaban famélicos, por eso comprarles pienso seco fue la respuesta más obvia y rápida. Primero lo compraba en una tienda cercana, luego empecé a comprárselo a un mayorista para ahorrar. Después, me entregué tanto a los planes de castración y a la manera de financiarlos que la alimentación y la nutrición de los perros quedó en un segundo plano durante un tiempo. Sin embargo, en noviembre, una vez que tuvimos el refugio listo, pude empezar a pensar en cocinarles la comida. Me di cuenta de que alimentarlos con comida casera sería más eficaz, ya que era un método más barato (y el dinero ahorrado se destinaría a otro punto crucial, las castraciones), por no hablar de que era una solución más saludable y nutritiva, lo cual evitaría problemas de salud posteriores (o eso esperaba) y sería más conveniente por el gran ahorro que implicaría en gastos veterinarios.

Es más, estaba convencido de que a los perros les gustaría más. Se tragaban el pienso seco por necesidad, pero tampoco es que les encantase. ¿Te gustaría tragarte una cucharada de cartón solo para que te deje de hacer ruido el estómago? A mí tampoco. Quería optimizar el asunto de la comida y me ofrecí a ayudar a algunos grupos de voluntarios que dan de comer a los perros por esta zona.

Quisiera dejar bien claro que no soy la primera persona que ayuda a los perros callejeros en Tailandia, y ni mucho menos soy alguna clase de mesías perruno que haya logrado lo que otros no han querido ni intentado. Nada de eso. Detestaría que alguien pensara que me atribuyo un mérito semejante solo porque quizá me he vuelto más conocido y tengo una mayor presencia en internet.

En Koh Samui hay muchas otras personas que les dan de comer a los animales, los castran y los cuidan, y llevan haciendo esto desde mucho antes que yo, y todos ellos tienen todo mi respeto por sus esfuerzos.

Lo que no sabía antes de involucrarme en este asunto de los perros es que aquí ya existía toda una comunidad dedicada a la ayuda a los animales. A veces hay mucha rivalidad entre las organizaciones y grupos de voluntarios que se dedican a los perros, como puede haberla en cualquier otro ámbito de la vida o en el lugar de trabajo. Los voluntarios son muchos y todos tienen su propia forma de hacer las cosas. En cierto sentido, es como la pastelería: tienes la receta del pastel de tu madre, pero cada quien piensa que la que hace su propia madre es mucho mejor. En última instancia, todos dan lo mejor de sí, pero sin duda habrá personas que juzguen los métodos que sean distintos de los suyos.

Todo el mundo tiene sus propias ideas sobre qué darles de comer a los perros y de qué forma. Cuando empecé a trabajar con los voluntarios, vi que muchos cocinaban arroz y lo mezclaban con el alimento seco para que rindiera más. También le agregaban sobras que donaban los restaurantes y huesos, así como caldo y algún otro toque personal para hacerlo más sabroso y sustancioso.

Cada uno lo hacía a su manera y con gran amor y dedicación, pero me di cuenta de que implicaba muchísimo trabajo y duplicaba el tiempo que requería cuidar de los perros. Aquello me frustraba un poco, porque debido a mi experiencia en el mundo de los negocios, sabía lo absolutamente crucial que es la eficiencia para que un proyecto funcione bien y tenga éxito. Me ofrecí a preparar toda la comida de una sola vez y así, en lugar de hacer que todos se levantaran al amanecer, solo yo tendría que hacerlo, lo que permitiría al resto ahorrarse ese tiempo en la cocina y dedicarlo a distribuir la comida.

Para mí, tenía sentido, aunque también tenía claro que siendo yo «el chico nuevo» podría generar incomodidad o despertar antipatías. Nunca fue mi intención.

Una de mis amigas, una señora alemana, alimenta a 300 perros desde hace años y yo me sentí un poco avergonzado, a decir verdad, cuando mi historia empezó a difundirse por Internet. No es que a ella le importara, en absoluto, y de eso estoy seguro porque su atención, al igual que la mía, está centrada en los perros y en hacer todo lo posible para mejorar sus condiciones de vida. Dicho eso, me imagino que podrás entender cómo me sentía.

Lo que sí notaba era que los perros claramente preferían la comida casera al pienso seco. Se la zampaban con mucho gusto y alegría, y en cuanto empezaba a servirse la comida, ya estaban todos ahí, relamiéndose. Movían la cola y relamían hasta el último bocado. Era una imagen maravillosa. Estos perros tienen tan pocos buenos momentos o privilegios en la vida que lograr que disfrutaran así de la comida parecía lo mínimo que podíamos ofrecerles, sobre todo teniendo en cuenta que era más barato hacerlo así.

Para empezar a preparar comida casera tenía mucho más sentido comprar grandes cantidades de arroz, verduras y carne en los mercados y mayoristas. Hablé con especialistas en nutrición animal y también con los voluntarios que ya estaban trabajando con los perros para saber qué alimentos podían comer, y entre todos elaboramos algunas recetas básicas que no nos dejarían en números rojos.

El arroz es lo más barato y es muy saciante, y también aprendí que el aceite de coco, además de ser aglutinante, es bueno para los perros. Las verduras son una gran opción, porque se pueden usar las estacionales y las más baratas, como las zanahorias, las calabazas y los repollos, que funcionan muy bien. Los huevos, con la cáscara y todo, son una excelente fuente de proteína. La carne siempre es lo más caro, pero la parte oscura del pollo es otra gran opción, por no hablar de que la sangre del pollo, en particular, tiene muchas propiedades y le da sabor a la comida de los perros. Puede que no sea de tu agrado ni del mío, ¡pero juro que a ellos les encanta!

Encontré un gran supermercado mayorista y la primera semana casi me llevé toda la sangre de pollo que tenían. Compré ollas y sartenes de tamaño industrial, las mayores que conseguí para cocinar en grandes cantidades, y recluté a todos los voluntarios que pudieran echarnos una mano para distribuir la comida. Dado mi pasado como cocinero, estaba acostumbrado a preparar mucha comida, así que no me inquietaba mucho el tener que cocinar para varios cientos de perros. De hecho, me gratificaba saber que aplicaría habilidades de mi vida pasada a esta nueva misión y, además, tenía la fuerte sospecha de que los «clientes» serían, sin lugar a dudas, mucho más agradecidos que algunos de los ricos y famosos a los que había servido. Alquilé una cocina cercana por poco dinero, en un lugar lo más céntrico posible para que los voluntarios pudieran ir todos los días a buscar la comida casera, y en poco tiempo ya estaba preparando 200 kilos de comida al día. Eran unas cinco mil raciones a la semana. La satisfacción de poder ir resolviendo estos asuntos prácticos era inmensa.

Probamos unas cuantas recetas para saber cuáles les gustaban más y, aunque Snoop duerme casi todo el día, lo saqué de su retiro para ponerlo a trabajar. ¡Lo designé catador en jefe! El control de calidad nunca descansa, y nuestro viejo amigo Snoop se tomaba muy en serio su trabajo.

También empecé a pensar que, si preparábamos una comida sabrosa y de calidad, quizá los dueños de mascotas nos la comprarían y esa sería otra posible fuente de ingresos que podríamos invertir en medicamentos y castraciones, entre otras cosas. Tal vez otros voluntarios en diferentes partes del país podrían replicar las recetas y alimentar bien a los perros de la calle con poco dinero, ¿no? A estas alturas ya me conocéis: siempre planificando a lo grande...

Por supuesto que había que pulir los asuntos logísticos, resolver la cuestión del almacenamiento y organizar otras cosas, pero sabía que todo era muy factible. Encontramos cocos viejos y palmas que nos servirían como cuencos de comida. Me hacía gracia pensar en cómo habría descrito algunas opciones del menú en mi época de cocinero, por ejemplo: ¡imagina describir un plato para perros como «risotto de pato con estofado de calabaza y repollo chino»!

—Aquí tenéis, chicos —les decía emocionado mientras repartía cucharones para todos mis alegres comensales—. ¡Que lo disfrutéis!

Hoy, la encargada de preparar la comida es una mujer tailandesa. La receta incluye arroz, caldo de pollo, zanahoria, calabaza, huevos, cuello de pato, repollo y aceite de coco. El objetivo es que sea lo más barata y nutritiva posible para los perros, además de sabrosa. Si la probaras con los ojos cerrados, ¡creo que te gustaría!

Y lo mejor de todo es que antes nos costaba unos 30 dólares poder alimentar a 80 perros con una mezcla de pienso seco y comida enlatada. Ahora, con esta nueva forma de hacer las cosas, podíamos llegar a alimentar a 800 perros con unos 90 dólares cada día. Supone un ahorro impresionante e implica que los lugareños que se prestan voluntarios a alimentar a los perros pueden emplear el dinero que sobra en medicamentos en lugar de en comida. En algún momento, me gustaría empezar a añadir suplementos para mejorar la salud general de nuestros comensales. Siento que esta mejora significativa en el área de la alimentación de los perros es un gran paso adelante, y a mis seguidores en las redes les encanta verlos devorar sus porciones de comida casera.

Contar en mis publicaciones cosas sobre los perros y sobre nuestro trabajo aquí es algo que me gusta y que además funciona bien, porque la gente tiene ganas de ayudar. Los mensajes de apoyo que recibo me ayudan en los días más difíciles, y la generosidad de la gente con sus donaciones no solo me deja sin palabras, sino que además es una fuente crucial de financiamiento para poder seguir adelante con lo que hacemos. Creo que a estas alturas he acumulado una buena cantidad de experiencia en este ámbito.

A pesar de todo, y para ser sinceros, padezco del síndrome del impostor todo el tiempo, por lo que cuando veo que alguien escribe en Instagram que soy un ángel, un héroe o cosas por el estilo, me muero de vergüenza y me siento un farsante. Para mí, los ángeles y los héroes son aquellas personas que se ganan la vida combatiendo incendios y cuidando a los enfermos: los trabajadores del sistema de salud pública, los miembros de los servicios sociales, los bomberos, los maestros, las personas que ayudan a los niños que pasan hambre... esos son los verdaderos héroes. No yo.

Me incomoda en gran manera la idea de que lo que hago se transforme en una especie de misión para cosechar elogios y fama, y cuando pienso que quizá haya gente que me acuse de eso, no puedo evitar angustiarme. Considero que no hay una forma correcta ni incorrecta de cuidar a los perros callejeros. Donde vivo es un problema crónico muy difícil de resolver y todo el mundo contribuye lo mejor que puede con pequeñas acciones. Yo no podría hacer ni un cuarto de todo esto si no contara con toda la ayuda y el apoyo que recibo. Me han contactado veterinarios de otros países para asesorarme con radiografías de forma gratuita, por no hablar de que también hay tiendas de mascotas que me ofrecen descuentos y amigos que me ayudan a grabar los vídeos que luego comparto en línea. Me maravilla constantemente que todas esas personas quieran compartir sus recursos y conocimiento conmigo para ayudarme en mi misión.

La llegada de diciembre me hizo reflexionar sobre el hecho de que llevaba ya casi un año embarcado en la misión de dar de comer a los perros. También me hizo pensar en los casi dos años que llevaba de abstinencia y sobriedad. Ambos son dos enormes logros que jamás doy por sentado.

Había salido a hacer la segunda ronda de reparto de comida del día. No la hago siempre, pero si hay perros que necesitan otra ración, me doy una vuelta más por la tarde. Fue entonces cuando vi a mi amigo Rod subiendo la pendiente en bicicleta, algo raro a esas horas. Él también da de comer a los perros, pero era raro verlo en esa zona y a esa hora. Normalmente me alegro mucho de toparme con Rod, pero esa vez no tanto: lo vi pedaleando más rápido, como si viniera en mi busca, y me inquieté enseguida.

Y cuando se acercó lo suficiente y vi la angustia en su rostro, más pálido y tenso de lo habitual, supe que algo había pasado.

—¿Qué ha pasado, Rod? —le pregunté cuando se bajó de la bicicleta; no tenía sentido andarse con rodeos.

—Atropellaron a uno los de nuestros —me respondió.

—¿A quién? —le respondí sintiendo que se me caía el alma al suelo.

Recordé de dónde venía Rod y deduje que sería alguno de la manada de Bubba, una de las primeras. Sentí que conocía la respuesta antes siquiera de oírla.

—Al viejecito —siguió Rod—. Lo lamento, Niall.

Mi intuición no me había fallado. Era Marlon Brando, con sus pobres ojitos lagañosos. Muerto. Las carreteras aquí son un peligro para todos los perros callejeros, pero si encima tienen problemas de visión… Para un perro casi ciego como Marlon Brando, parecía inevitable que tarde o temprano le ocurriera una tragedia.

Pero lo terriblemente injusto era que lo habían dejado abandonado. El coche atropelló al pobre animal y lo mató, pero quien iba al volante, el muy cobarde, ni siquiera había mostrado tener una mínima pizca de humanidad como para detenerse a ver cómo estaba el perro, y mucho menos como para sacar el cuerpo de la carretera.

Le di las gracias a Rod por haberme avisado en persona y le dije que se fuera a casa, que yo podía ocuparme del cuerpo de Marlon Brando. Ese perro era muy especial para mí, necesitaba darle mi último adiós en persona. Me fui directo hasta el lugar que me había indicado Rod, a unos 500 metros, donde yo pensaba encontrarlo para darle de comer... Y lo vi. Se me revolvió el estómago. Marlon Brando ya no volvería a buscarme al trote. Ya no lo volvería a ver zamparse la comida casera que con tanto cariño le había preparado. Ya no volvería a empujarme con su hocico de viejo sabio, pidiéndome que le limpiara los ojos.

Su cuerpo, bello, noble y casi intacto, se hallaba en medio de la carretera, inerte. Cuando lo toqué estaba tibio: había muerto hacía solo diez o quince minutos. Tenía sangre en la boca, pero parecía haber muerto en el acto por el golpe del vehículo. Por dentro di las gracias porque no hubiera sufrido una larga agonía. Se le veía precioso y en paz, como si estuviera tomando sol después de una buena comida. Mi pobre viejo amigo.

¿No podrían haber tenido la decencia de moverle fuera de la carretera, de darle un trato digno?

Pero algo que he aprendido desde que estoy aquí es que no vale la pena enfadarse. Debo resolver cualquier problema que tenga el perro que hay delante de mí, por difícil, caro o agotador que sea. Así son las cosas.

Temblando ligeramente, levanté el cuerpo sin vida de Marlon Brando para sacarlo de la carretera y llevarlo a un lado, a la hierba. Bubba, el líder de la manada, me observó todo el tiempo, cabizbajo. Los perros más jóvenes estaban jugando un poco más atrás, sin darse cuenta de la situación, pero él lo sabía. Él entendía lo que había ocurrido.

Habrá quienes no me crean, pero los perros son absolutamente capaces de experimentar el sentimiento de duelo por la muerte de sus seres queridos, al igual que nosotros. Es algo que he visto más de una vez. Estos animales son puro sentimiento y pueden estar hasta tres semanas sufriendo por una pérdida. Bubba era un perro sabio y sabía que Marlon Brando no iba a volver.

Fui a buscar una pala y empecé a cavar un hoyo para enterrarlo. A menos que seas sepulturero, probablemente nunca hayas tenido que hacer algo así. Y lo que nunca deja de sorprenderme, aunque ya he enterrado a muchos perros, es el gran esfuerzo físico que supone cada vez. Cavar un hoyo lo suficientemente profundo (especialmente en países cálidos, donde es crucial por cuestiones de higiene) como para enterrar a un perro grande no es tarea fácil. Así que seguí cavando hasta hacer un agujero de la profundidad adecuada. A continuación, envolví a Marlon Brando con unas sábanas viejas, y después lo cubrí con un plástico para evitar que otros animales lo pudieran olfatear y lo desenterraran.

Después de prepararlo lo mejor que pude y con todo el amor del mundo, deposité al Padrino canino en la que iba a ser su última morada. Había elegido un lugar tranquilo, lejos de la carretera y debajo de los cocoteros donde se había pasado la vida siendo un perro amable y bueno que se llevaba bien con todo el mundo. Lo coloqué cerca de donde solía vivir el resto de su manada: Bubba, Daisy, Wigglebut, Super Max y Bouncy, para que estuviera en compañía de buenos amigos. Busqué algunas piedrecitas para hacerle algo parecido a una lápida y regresé a la mañana siguiente con flores y un huesito de juguete que tenía en casa: así tuvo su pequeño espacio conmemorativo.

Seguía doliéndome que alguien lo hubiera atropellado y dejado ahí con tan poca dignidad. Un perro magnífico, noble y delicado como Marlon Brando se merecía otro final. No obstante, traté de enfocarme en lo positivo. Había tenido una muy buena vida. Llegar a los 12 años como perro callejero es toda una proeza. Había vivido en esta isla paradisíaca con sus amigos, y había gozado de una excelente salud durante casi toda su vida. Le habían alimentado, y me hacía especialmente feliz saber que no había sido solo el pienso seco, sino que había llegado a poder disfrutar de mi comida casera. El grandullón había disfrutado mucho de todos esos banquetes, lamiendo el cuenco hasta dejarlo limpio. Verlo así de feliz había sido una maravilla.

Por mi parte, le había demostrado mi lealtad y cariño limpiándole los ojos todos los días, y ahora esperaba poder demostrarle mi amor y respeto con una despedida adecuada. El aluvión de amor y emoción que recibí de mis seguidores cuando compartí la noticia de su muerte en las redes fue algo que jamás hubiera imaginado. Por supuesto que no compartí las fotos más gráficas que había tomado, pero quise que la gente supiera que había muerto, porque todos, hasta en los lugares más remotos del globo, adoraban a ese perro.

Una mujer de Brisbane, en Australia, me envió una hermosa sorpresa: un cuadro de Marlon Brando, que había pintado a partir de una única foto de Instagram, en el que había capturado su espíritu de forma tan increíble que me hizo llorar.

La gente dejaba comentarios muy sentidos que me llenaban de emoción. Algunas personas donaban dinero en su honor, el cual se usaría para castrar y medicar a otros perros en homenaje a la memoria de Marlon Brando.

Recibí unas cartas de lo más cariñosas de niños que querían donar lo que habían conseguido ahorrar con sus pagas para ayudar a otros perros, y mensajes de otras personas que afirmaban que en lugar de pasarse por Starbucks ese fin de semana, preferían donar 5 dólares. Sinceramente, me pasaría el día entero llorando de la emoción si me pusiera a pensar en toda la generosidad que me ha mostrado la gente.

Otra parte del dinero la destiné a preparar una comida honorífica para saciar el hambre de seiscientos perros de distintas partes de la isla, con la intención de dejarles con la tripa tan llena de comida deliciosa como la había tenido Marlon Brandon cuando falleció. Ese perro callejero era tan especial que muchas personas lo lloraron sin siquiera haberlo conocido. Fue algo increíble.

Lo que Marlon Brando despertó en la gente tuvo un significado muy especial para mí. Ese perrito sin hogar, sin voz, había sido un animal que no había roto un plato en su vida, que solo necesitaba estar vivo para ser feliz y que se mostraba agradecido por todo lo bueno que le había tocado en la vida… y, a pesar de que ya no se encontraba con nosotros, estaba siendo colmado de cariño. Todo ello me hizo darme cuenta de que la bondad siempre prevalecerá.

Intento no enfadarme pensando en que lo dejaron tirado después de atropellarlo, en lo desconsideradas que pueden llegar a ser las personas, pero lo cierto es que me sorprendí a mí mismo albergando pensamientos sombríos hacia quien hubiera matado a Marlon Brando. Cuando esa persona muriera, ¿recibiría todo el amor que le habían mostrado a este perro maravilloso? Sospechaba que su vida quizá no iba a ser honrada de la misma manera.

Sigo yendo a visitar la tumba de mi amigo, igual que la de Tyson. Le hablo sobre lo bueno y lo malo que me pasa y siempre me acuerdo de decirle lo afortunado que me siento por haberlo tenido en mi vida.

17

NO TODOS LOS DÍAS ENCUENTRAS A UNA *GOLDEN RETRIEVER* EN TAILANDIA

Algunos reveses, como la pérdida de Marlon Brando, y en especial la forma en la que ocurrió, me entristecen mucho. Para bien o para mal, siempre habrá otro perro especial que necesite ayuda.

Giuseppe había estado a mi cuidado desde el primer día. Se encontraba en el otoño de su vida y merodeaba entre los vendedores ambulantes de la zona donde vivo. Nunca le faltaba un pedazo de pollo o algún que otro manjar, pero, aunque se podría decir que era el perro de todos, lo cierto es que nadie parecía preocuparse por el deterioro de su salud. Había empezado a perder movilidad por falta de fuerza en las patas a causa de la edad. Se movía con dificultad, y con el paso del tiempo las distancias que era capaz de recorrer fueron disminuyendo hasta llegar al punto de solo poder andar entre cinco y diez metros como máximo.

Durante varias semanas, me pregunté cuál sería la mejor solución para él mientras veía que su salud empeoraba. Me partía el corazón, pero también era perfectamente consciente de la cantidad de cuidados y atención que necesitaría un perro en esa etapa de la vida. Yo me haría cargo de ello con mucho gusto, pero luego pensaba en el hecho de que ahí fuera había otros cientos de perros que también necesitaban mi ayuda y dudaba sobre si ese sería un uso racional de mi tiempo. ¿No debería centrarme en castrar a más perros?

Un día de lluvia torrencial, mientras yo iba en moto, lo tuve claro. Giuseppe ya no podía ni moverse para guarecerse, así que me detuve junto a él y le dije:

—Bueno, parece que el tema está zanjado, Giuseppe. Vendrás conmigo.

Los análisis veterinarios y las opiniones de distintos especialistas nos confirmaron lo peor. El pobre tenía varias vértebras fusionadas y era algo irreversible. Lo único que se podía hacer era mejorar su calidad de vida. Y lo intentamos todo: darle medicamentos, llevarlo a nadar, practicarle acupuntura y darle masajes en las patas, que tenía tan maltrechas por los años. Aunque el problema de las patas no mejoró notablemente, el estado de ánimo de Giuseppe dio un vuelco para mejor cuando lo llevé al refugio. Le dábamos de mi comida casera y dormía en una cama muy cómoda, repleta de almohadas y mantas. Era como su residencia de ancianos, y solía sentarse a ladrarles a todos los perros jóvenes que andaban por ahí. Recuperó el brillo en los ojos y estuvo tres meses con nosotros.

Limpiar el espacio de Giuseppe conllevaba mucho trabajo. Además, muchos nos llegamos a lesionar la espalda levantándolo para transportarlo. A veces dudaba de si habíamos tomado la decisión correcta, pero supe que había sido lo correcto cuando llegaron sus últimas semanas de vida.

Me vienen dos ejemplos a la mente…

El primero fue un carrito que le hizo mi amigo Rod. Era como uno de esos carros con forma de L que suele haber en tiendas como IKEA. Lo cubrimos con mantas suaves, le instalamos un ventilador que funcionaba con energía solar, y hasta tenía su propia música. Lo llevábamos en el carrito cuando íbamos de paseo y lo sentábamos cerca de la gente a la hora de comer. Juro que lo veía sonreír en su carrito, mirando detenidamente a los perros más jóvenes como presumiendo: «¿Qué os parece? He pasado de ser un perro callejero a ser todo un rey».

El segundo ejemplo fue el día en que Giuseppe murió. Todos sabíamos que ya había llegado su hora, así que nos juntamos para comer pastel, beber algo y conversar sobre su vida. Le dimos de comer con la mano unas salchichas y otras chuches que le encantaban hasta que no quiso más. Ahí sentado en su carrito, él tenía cara de pensar que aquella era la mejor fiesta de su vida. Si no hubiera estado tan ocupado recibiendo mimos en la barriga y otras delicias que le dimos de comer después, habría visto algunos ojos llorosos.

Giuseppe murió libre de preocupaciones, mientras uno de mis amigos le sostenía las patitas y otro le rascaba la barriga. Ese perro callejero estaba en la gloria. Lo miré a los ojos en el preciso instante en que se estaba yendo y le susurré que había muchas personas que lo querían y que le prepararíamos algo especial. Ese «algo especial» fue el jardín que creamos en honor a Giuseppe, donde está enterrado. Plantamos césped nuevo, flores y árboles aromáticos, y es un lugar adonde podemos ir a saludarlo todos los días mientras cuidamos a los otros perros.

Giuseppe vivió una buena vida en la calle. Terminó convertido en todo un distinguido caballero y cuando llegó el ocaso de su vida solo necesitó un poco de ayuda para mantener su dignidad y entereza.

Hay una historia hermosa que no puedo no incluir en este libro. Conocí a Tina en febrero de 2023. Como la mayoría de los perros callejeros, llegó en un estado deplorable. Hasta aquí, nada fuera de lo común... pero resulta que había algo extraordinario que no he mencionado sobre Tina y que la diferencia de la mayoría de los perros callejeros de Tailandia: era una *golden retriever*.

Cuando la vi por primera vez, atada con una cadena corta, hubo algo en ella que me recordó mucho a mí mismo cuando me ingresaron en la UCI. Su cuerpo y, por encima de todo, su alma, parecían haber quedado hechos añicos tras años y años de incesante maltrato. Daba mucha pena verla (pobre perrita, estaba cubierta en sus propios excrementos, ni hace falta imaginar cómo olía y cómo se sentía) y su aspecto en general era horripilante.

Se encontraba como ida, quizá pensando en que no volver a despertarse tampoco estaría tan mal. La toqué con cuidado, lo justo como para que se despertara y, aunque muy tenuemente, vi un destello de vida en su mirada. No me lo esperaba, porque, viendo cómo estaba, no me habría sorprendido que hubiera tirado la toalla. Y, sin embargo, levantó la cabeza, que fue lo mismo que hice con las enfermeras en el hospital, intentando darles una señal de que, a pesar de las apariencias, sí quería que me salvaran. Estaba muy mal, pero necesitaba algo que me diera fuerzas para seguir. No estaba perdido. Y con Tina fue igual.

Incluso encadenada y viviendo en sus propias heces, enseguida mostró que tenía ganas de vivir. Cuando le quité la cadena y la subí al coche para ir a la veterinaria de guardia, supe que para ella sería el principio del final de su terrible situación, aunque, tal y como me había pasado a mí con los periodos de abstinencia del alcohol y el Valium, le esperaban un par de semanas de intenso dolor físico mientras su cuerpo intentaba reajustarse. Ella también había tocado fondo y no albergaba ninguna esperanza para el futuro, pero, paradójicamente, tuvo que llegar a ese punto tan bajo y sentirse así de abatida para poder mejorar. En mi caso, yo mismo me había infligido las heridas en el cuerpo y en el alma a lo largo de muchos años de excesos. Sin embargo, Tina no. Ella no tenía la culpa de nada. Los que habían permitido que terminara en ese estado habían sido humanos monstruosos. No era justo y yo no iba a aceptarlo.

Rescatarla no fue fácil, aunque lo cierto es que casi ningún rescate lo es. Yo había recibido dos mensajes de viajeros que la habían visto cerca de un lugar turístico no muy alejado. Miré las fotos que me enviaron al teléfono y pensé que nunca había visto una expresión tan triste en un perro. Sabía que tenía que ir a buscarla y rescatarla enseguida, así que hacia allí fui con Rod y su novia Jewells, otra buena amiga. Los dos me han ayudado infinidad de veces.

Lo que encontramos al llegar nos partió el corazón. Tina estaba en la montaña, atada a esa cadena corta que mencioné, y solo le habían dejado un poco de agua para que no se muriera. De por sí aquello ya era terrible, pero su aspecto también era espeluznante. No quisiera perturbar a nadie con la comparación, pero su nivel de malnutrición y raquitismo me recordaba al de los prisioneros de guerra de algunas películas antiguas. Se le notaban todas las costillas del pecho, y prácticamente se le veían los huesos de la pelvis y de las patas traseras. Era un esqueleto viviente.

Se le había caído el pelo de gran parte del cuerpo y la cara, y tenía la piel quemada por el sol, lo cual debía dolerle mucho. Parecía estar repleta de garrapatas y tenía una infección horrible en las orejas. El olor que emanaba era verdaderamente repugnante, porque la cadena era tan corta que la pobre perra no tenía más opción que permanecer tumbada sobre sus propios excrementos. ¿Cómo se puede ser tan cruel? ¿Quién podría dejar a un animalito así sin un atisbo de dignidad?

No exagero si digo que jamás me había encontrado a un perro en una situación tan deplorable.

Los supuestos dueños aparecieron y me dijeron que Tina era una *golden retriever*. Yo no me podía creer que ese animalito fuera un ejemplar de una raza típicamente asociada con la energía y la belleza. No hay muchos *golden retrievers* en Tailandia y, por sus tetillas, parecía que la pobre perrita había tenido un montón de crías. Tener perros como mascota se está poniendo de moda aquí, y calculo que la venta de una *golden retriever* dejaría una buena ganancia, así que mi presunción era que los dueños habían usado a Tina para que les diera cachorros para venderlos y luego se desentendieron de ella.

Me contaron un cuento que me sonó a excusa sobre que la había atropellado un coche y que por eso necesitaba tener poca movilidad, para curarse. No me costó darme cuenta de que no era más que una mentira descarada, que la habían encadenado y abandonado cruelmente.

Hubo una negociación bastante tensa. Ellos no querían quedar mal frente a un grupo de occidentales y yo no quería que la conversación subiera de tono ni tener una actitud abiertamente hostil, así que dije algo como:

—Hagamos una cosa, mejor me la llevo. Curarla costará mucho dinero y estoy seguro de que ustedes no querrán hacerse cargo de esos gastos.

Creo que, en realidad, estaban felices por habérsela quitado de encima.

Después de sacarla de aquel horrible lugar en la montaña, la llevamos al veterinario. Tratándose de una *golden retriever* de entre seis y ocho años, Tina tendría que haber pesado unos 27 kilos, pero pesaba 12,5 kilos, menos de la mitad. El veterinario le hizo un chequeo completo: ecografía, radiografía, todo. En las imágenes se veía algo un poco puntiagudo y bastante raro que nadie podía descifrar qué hacía ahí. Era tan extraño, de hecho, que el veterinario envió fotos a otros veterinarios de todo el mundo para tener más opiniones. Concluyeron que se trataban de puntos de sutura viejos hechos dentro del cuerpo de Tina, y que el motivo por el que resultaban extraños era porque su anatomía estaba tan distorsionada por la malnutrición que nadie se había encontrado con algo así.

La llevamos al refugio y le dimos de comer, recordándonos una vez más lo agradecidos que debíamos estar por tener un lugar así en el que poder hospedar a la pobre perrita. Sin embargo, lo que sucedió después fue un gran aprendizaje para mí, porque casi la matamos de amor, literalmente. Resulta que le dimos mucha cantidad de comida y para ella fue demasiado. Existe un problema de salud bien documentado que se puede presentar si alimentas en exceso a alguien que no ha comido bien durante mucho tiempo. El cuerpo no está preparado para procesar la comida y, de hecho, puede terminar en peor estado del que estaba. Lamentablemente, eso fue lo que nos ocurrió con Tina. Le dimos demasiada comida a su pobre cuerpo hambriento y el estómago se le empezó a inflar como un globo. Yo pensaba que era cuestión de tiempo y que bajaría, pero no fue así, y la perra se hinchó tanto que tuvieron que operarla de emergencia de madrugada. El veterinario le hizo una pequeña incisión en un lugar específico del estómago para sacar todos los gases. Aún recuerdo el sonido que hacía el aire al salir de su interior, era como el de un globo al desinflarse.

Fue un tremendo error que no volveré a cometer. Lo siento muchísimo, Tina.

Redujimos la cantidad de comida e, incluso así, como Tina no estaba acostumbrada a recibir alimento del bueno y nutritivo, tuvieron que hacerle el mismo procedimiento de emergencia. Pasaron dos semanas hasta que se pudo controlar la hinchazón, una época que resultó la mar de angustiante, porque yo estaba convencido de que podríamos aumentarle poco a poco las raciones, pero ella volvía a hincharse a la mínima. Por aquel entonces empleamos recursos de todo tipo para ayudarla, hasta medicamentos para humanos (concretamente para bebés). Incluso se habló de un posible traslado a un hospital especializado, pero por suerte no fue necesario al final. Subimos muy gradualmente la cantidad de las raciones y, a medida que Tina empezó a sentirse mejor y a aumentar de peso, fue como verla renacer. Le empezó a crecer el pelo y volvió a tener brillo en esos bellos ojos tiernos.

Durante todo ese tiempo, Tina dormía a mi lado (sí, ya lo sé, rompí mis propias reglas y me la llevé al apartamento, pero es porque nos habíamos unido mucho y ella necesitaba a alguien que la cuidara todo el tiempo). De hecho, dormía sobre mí, apoyada en mi cabeza. ¡Así de cerca quería estar! El amor emanaba de toda ella. Estaba enferma, le habían roto el corazón y creo que jamás la habían querido, ni sus dueños ni nadie más, así que se aferró al amor y el cuidado que yo le ofrecí. Me imagino que le aterraba perder eso, perderme a mí, y no se despegaba de mí ni un centímetro.

Supongo que no me sorprendió que fuera todo un éxito en mi comunidad de redes. La clave, creo, está en la cara. Al principio, el rostro de Tina parecía enorme y triste en comparación con su cuerpo huesudo y pelaje rasposo. Sin embargo, a medida que aumentó de peso y tuvo más energía, se transformó en una de esas caras adorables que todos vinculamos con los *golden retriever*: con la lengua fuera, dos orejotas como de peluche que dan ganas de achucharlas y con un par de ojos bien grandes. Hoy, Tina ha duplicado su peso: es una perra de 25 kg adorada por todos.

Y no ha habido un día en que se alejara más de 50 centímetros de mí, como salida de esos vídeos de madres pato con sus patitos. Si voy al baño, ella se queda esperando en la puerta. Si voy a sacar la basura, va 10 centímetros por detrás de mí. Se ha vuelto mi sombra y va de camino a ser una preciosa *golden retriever*. Se apoltrona en la hamaca, ha aprendido a nadar, se sienta delante del ventilador, le encanta perseguir pelotas de tenis... Estar con ella es fabuloso.

Tina es como el clásico *golden retriever* grandote, suavecito y juguetón que a cualquier familia le encantaría tener, y adora estar con la gente. Ver la cara rebosante de alegría incondicional de esta perra después de haber estado encadenada y sufriendo tanto, me ha enseñado que hay que mirar siempre hacia delante y no hacia atrás. Si echara la vista atrás, ella vería una vida horrenda, brutal, solitaria y triste, pero ahora tiene todo lo que podría desear. Ha dejado atrás el pasado y disfruta cada momento de su presente. Está sana, castrada y es un animal maravilloso.

Dicho todo eso, Tina sigue recuperándose. Aún no tengo un plan para su hogar permanente, porque no quiero imponerle a nadie una perra que todavía está enferma o que podría implicar un gasto grande. Cuando llegue el momento, no creo que sea un problema encontrarle dueño. Calculo que ya he recibido unos quinientos mensajes de personas de Estados Unidos, Europa y Australia que quieren darle un hogar. En cierto sentido, no puedo evitar preocuparme por su futuro. Haberla conocido cuando ella se hallaba en unas circunstancias tan terribles que solo podría describirlas como «habiendo tocado fondo», me hace pensar mucho en cuando yo mismo toqué fondo, y quiero que pueda empezar de nuevo y tener una vida llena de cosas buenas, como he logrado hacer yo.

Quiero muchísimo a Tina porque sigue poniéndose fuerte, mejorando y repartiendo amor día tras día. Cuando salimos a caminar y ella va trotando a mi lado, me recuerda a mí, y me doy cuenta de que ambos somos dos seres que, después de haber estado al borde del precipicio, van por la vida con orgullo y saben que deben disfrutar cada buen momento. Y es que Tina me ha recordado la enseñanza lo más importante de todas: vivir en el presente.

La mayoría de la gente me envía mensajes por WhatsApp, porque saben lo ocupado que estoy y que no tengo mucho tiempo para hablar. Así que cuando Jules, una amiga que adora a los perros tanto como yo, me llamó y me habló con voz entrecortada, supe que no eran buenas noticias. Si en lugar de un mensaje, me suena el teléfono, es probable que no lo sean.

Jules había ido a la veterinaria con Tina para hacerle un control rutinario, pero hubo complicaciones. Cuando me llamó parecía no encontrar las palabras…

—Dime qué pasa, Jules.

—Tina tiene un fallo renal en etapa 2 o 3. Le quedan de tres a seis meses de vida.

Se me cayó el corazón a los pies. Se sintió como si un boxeador profesional acabara de darme un derechazo en todo el estómago. *No… Tina no*, pensé. Justo cuando estaba empezando a pasar página y comenzar una nueva vida, iba a quedarse sin nada.

Con los perros hay que ser resiliente, porque recibes un golpe tras otro, así que me metí en la ducha, me cambié y pensé: *Bueno, este es mi deber. Voy con una sonrisa, consigo toda la información necesaria, ideamos un plan conjunto y hacemos que los próximos tres a seis meses sean los mejores posibles. Y si podemos extenderlos un poco, mejor.* El antiguo Niall habría ido a la tienda a comprar una botella de vino, veinte cigarrillos y estaría maldiciendo su mala estrella, pero esto no iba sobre mí. Tina me necesitaba.

Tengo una conexión muy profunda con esta perra, porque me veo muy reflejado en ella. Al igual que esa perrita, yo también llevé cadenas la mayor parte de mi vida. El alcohol y las adicciones me limitaron y me impidieron ser quien soy hoy, tal y como le había pasado a ella.

A veces caminamos juntos por la selva y vamos haciendo nuestros quehaceres como los dos seres más felices del planeta. Cuando has experimentado momentos tan oscuros, contemplando no solo a la muerte, sino a una existencia sin sentido, como nos ha ocurrido a nosotros, las cosas simples te producen una enorme satisfacción.

Creo que soy como una mantita de apego para Tina. Le da miedo alejarse de mí porque parece temer que su vida sea demasiado buena como para ser cierta. Así me siento yo respecto a mi propia vida, por eso tenemos un vínculo tan especial. Tina no necesita mucho. Le encanta su comida, sus pelotas de tenis y su humano. Los perros como ella me han enseñado que yo también soy así. Dame mis chancletas, un poco de sol y mi moto cargada con comida y medicamentos para los perros, y no encontrarás otro ser más feliz sobre la tierra.

Tina no vivirá mucho más, pero voy a asegurarme de que el tiempo que le quede sea de lo más especial. Lo único que quiere es lo que nunca tuvo en la vida y lo que tiene para dar y regalar: amor. Ella es el clásico ejemplo del perro que vive en el presente. No le importa el ayer. Como humano, me gustaría tener esa capacidad de olvidarme del pasado, pero también me doy cuenta de que eso es lo que me hizo ser quien soy.

Cada mañana me pregunto: Si este fuera mi último día en esta tierra, ¿sería feliz con lo que estoy haciendo? Cuando estuviste en un hospital al borde de la muerte, esa pregunta cobra especial relevancia. Hoy me levanto de la cama antes de que suene el despertador, me miro rápidamente al espejo y digo que sí, porque sé que tengo que ir a ver a Snoop, a McMuffin, a Jumbo, a Tina y a otros cientos de perros que necesitan ayuda.

Si mañana me atropellara un autobús, diría que caminar por la selva con una perra llamada Tina, que había logrado escapar de una situación de abuso y maltrato, era sin duda lo más importante que podía estar haciendo con mi vida.

No sé cómo he tenido la suerte de estar donde estoy, cuidando a los perros que lo necesitan y con la ayuda y el aliento de muchas personas de todo el mundo. Lo que sí sé es que no voy a desaprovechar nada de esto.

Al igual que Tina, me han dado una segunda oportunidad en la vida, y ninguno de los dos piensa desperdiciar un solo segundo del tiempo que nos queda en este mundo.

EPÍLOGO

Hay un dicho popular que dice que la vida empieza a los 40. Significa que madurar es algo bueno. John Lennon incluso escribió una canción con ese título[16], pero nunca la llegó a grabar porque le dispararon dos meses después de que hubiera alcanzado, justamente, esa edad.

Por mi parte, seguía totalmente perdido a los 40. A la edad en la que todos a mi alrededor parecían tener resueltos los asuntos más importantes de la vida (una carrera profesional estable, una familia, seguridad financiera), yo estaba en una situación totalmente distinta. Muchos amigos de mi edad seguían felizmente recorriendo la senda vital que habían elegido, pero yo estaba totalmente perdido.

Francamente, después de haberme pasado veinticinco años luchando contra la depresión, la ansiedad y las adicciones, mi vida era un completo desastre. Había desperdiciado semanas sin poder levantarme de la cama por culpa de la niebla mental. Había saboteado relaciones, renunciado a trabajos, deambulado por distintas partes del mundo, solo para descubrir que jamás iba a poder escaparme del verdadero problema de mi vida. Jamás iba a poder escapar de mí mismo.

Perdí años yendo de borrachera en borrachera, de caos en caos. Me quedaba solo bebiendo alcohol y recurriendo a otras sustancias para aplacar el dolor a las 6:00, con el cenicero repleto de colillas

---

16. *N. de la T.: Life Begins at 40*, literalmente, «La vida empieza a los 40».

porque fumaba sin parar. Lo único que quería era escaparme de mi propia mente, encontrar un poco de normalidad, esas cuatro horas de paz que me daban un Valium o un Xanax. Las doce latas para olvidarme de la vida, el vino y el *whisky* para entumecer el vacío. La borrachera y la posterior pérdida de conciencia como única forma de pasar un día más. Y la ansiedad, la que siempre estaba presente, debilitante, causándome palpitaciones. Esa misma ansiedad.

A pesar de que intenté diferentes cosas, como ir a reuniones, tomar medicamentos y hacer terapia, en última instancia lo que me llevó a pasar página fue el haber estado a punto de matarme a base de beber sin parar en la víspera de Año Nuevo de 2020, que me dejó tres días en la UCI. Ese episodio tan extremo y lamentable me hizo darme cuenta de que quería vivir. Es más, me hizo darme cuenta de que quería vivir una vida que tuviera un propósito. Me juré aprovechar al máximo el tiempo que me quedara en este mundo, que haría algo valioso.

La recuperación física y mental no sucedió de la noche a la mañana; me llevó tiempo y paciencia, que también necesité para diseñar un nuevo plan de vida. Finalmente, a mis 42 años, tuve la suerte de encontrar mi nuevo propósito en la vida. Nunca me hubiera imaginado que ese propósito sería cuidar de un grupo de perros callejeros zarrapastrosos de Tailandia, que nunca habían experimentado cariño ni tenido cuidados, y que encima serían ellos los que me enseñarían a vivir la vida al máximo. Su espíritu, su alegría y su resiliencia me maravillaron. Habiendo sido testigo de sus luchas brutales, su enorme valentía y su férrea tenacidad, finalmente entendí cuál era el verdadero sentido de la vida para mí.

Quienes siguen mis historias en las redes sociales me ven como el «salvador» de estos perros, pero en realidad es casi todo lo contrario: son ellos los que me han salvado a mí.

Desde que dejé el alcohol y las otras sustancias, descubrí que nunca es demasiado tarde para tener una segunda (o tercera, o cuarta, o quinta…) oportunidad en la vida. Con mucho esfuerzo y determinación, los sueños pueden hacerse realidad y siempre hay motivos para conservar la esperanza. Hay que aferrarse a eso todo lo posible.

Como ya he dicho, este trabajo conlleva una gran carga emocional y te obliga a presenciar el mismo ciclo una y otra vez. Si bien me ha hecho muy feliz ver a perros como Rodney y Tina mejorar y alcanzar la plenitud en los últimos meses, mi querido Snoop claramente está empezando a sentir el paso de los años y ya empiezan a dolerle las patas.

Desde que llegó a mi vida, Snoop ha sido mi sombra, y a menudo fue lo único capaz de guiarme a través de la oscuridad de la depresión y las adicciones, y es el único con quien siento que puedo volcarme sin reservas y darle todo mi amor. Al fin y al cabo, fui un novio terrible con mis parejas del momento, aunque lo cierto es que mantengo una buena relación con todas a día de hoy, así que espero no ser una mala persona *per se*. Snoop me enseñó a querer sin miedo al rechazo y con todo el corazón.

Para alguien con problemas de salud mental, un perro que exige mucho, como mi preciosa Britney, puede hacerte sentir peor, más ansioso. Es evidente que saltar, jugar, ladrar y hacer mucho barullo en el apartamento es un comportamiento normal para cualquier perro, pero cuando estás tan estresado o ansioso que incluso el hecho de que alguien te mire mal puede hacer que te vengas abajo, tener a una Britney alterándote no es la mejor sensación del mundo precisamente.

Y, sin embargo, Snoop nunca me exige nada, nunca lo ha hecho, es feliz estando conmigo. Ya tiene al menos 12 años (no lo sé con seguridad, porque a él también lo habían rescatado de la calle cuando lo adopté en Dublín). Parece que está perdiendo fuerza en las patas y, si bien ya hace años que no corre sin parar al estilo Britney, me acompaña contento a dar paseos cortos. Siempre ha ido con orgullo a mi lado, ya fuera por las calles de Dublín, las de Manchester o las de Tailandia, siempre con la frente bien alta y tomándose la vida con calma.

Snoop ha sido una presencia tan amorosa y estable en mi vida, y durante tanto tiempo, que la mera idea de perderlo me resulta casi impensable. Tiene días mejores que otros, pero en cuanto noté que empezaban a dolerle las patas decidí hacerle una «suite de retiro vip». Tapicé el suelo con una moqueta de caucho para que pueda descansar en cualquier rincón, y le llevé mantas y peluches mullidos, como hice con otros perros del refugio.

Sé que Snoop está viejecito y no podrá estar conmigo para siempre, pero voy a asegurarme de que se sienta cómodo y feliz, que pueda disfrutar de su comida favorita, y que sepa todo el amor que sentimos por él y lo importante que ha sido su vida como un amigo sereno y leal. Voy a acompañarlo siempre, como él me ha acompañado a mí.

Encontrar la verdadera felicidad en la vida no ha sido fácil, pero hoy sé que esto es lo que quiero hacer: intentar rescatar y mejorarles la vida a miles de perros, sin tener que preocuparme por el dinero, el estatus y lo material, y poder dedicar lo que me queda de vida en volcarme en cuerpo y alma a mejorar las condiciones de estos animales. No me alcanzan las palabras para expresar lo agradecido que estoy por tener la oportunidad de dedicarme a esto.

Me llevó cuatro décadas de mi vida llegar a donde estoy hoy, así que no te inquietes si todavía no has encontrado tu razón de ser. Si ha sido posible para mí, también lo será para ti. Tanto yo como mis queridos amigos de cuatro patas te estaremos animando a cada paso vacilante del camino. Espero que te haya gustado leer nuestra historia y recuerda siempre el valor de perseverar sin importar los obstáculos que se te pongan por delante. Créeme cuando te digo esto: después de la tormenta siempre sale el arcoíris (y jugando bajo este, quizá te esperen algunos amiguitos moviendo la cola).

POSDATA:
¿Y AHORA QUÉ?

Me resulta imposible decidir cómo terminar este libro, porque el trabajo nunca se acaba. Adoro lo que hago y saber que voy a dedicar el resto de mi vida al proyecto de mejorar la salud y las vidas de cada vez más perros callejeros. He aprendido mucho en compañía de estos animales, y las dos enseñanzas más importantes son que no necesitas de las cosas materiales para ser feliz y que lo mejor que puedes hacer es vivir en el presente.

Estoy decidido a sacar adelante este proyecto: hace poco incluso instalamos en el refugio un par de grandes contenedores de almacenamiento con la idea de acelerar el proceso. Entiendo que quizá esto cimiente mi reputación como «el loco de los perros», pero dividir mi tiempo entre el pequeño apartamento donde vivo con Snoop, Jumbo y Britney, y el refugio, además de tener que recorrer las calles haciendo rondas de reparto de comida, implica perder un tiempo muy valioso yendo de un lugar a otro.

Así que me compré estos dos contenedores baratos para aprovechar cada hora del día de la forma más óptima. Como te habrás dado cuenta, yo no hago nada a medias, ya sea ponerme como una cuba en mi antigua vida, o aplicándome a cosas mejores en el presente.

Un contenedor funciona como «base de operaciones» y todo lo que hago allí tiene que ver con los perros. Por suerte me llega la señal 4G, lo que me permite hacer reuniones por Zoom, usar el correo electrónico y publicar información en las redes, de manera que ahí puedo dedicarme a cuestiones más administrativas, como estudiar en detalle una hoja de cálculo con Tina, McMuffin o Snoop a mi lado para no quitarles los ojos de encima.

Tampoco quiero empantanarme con la faceta más «empresarial» (que sé que es crucial para todos mis planes futuros), si eso va a suponer tener que dedicar menos tiempo a los perros, que para mí es fundamental. Así que esta solución me parecía una buena forma de combinar los dos aspectos del trabajo.

El otro contenedor es un lugar donde puedo descansar la mente. Es muy minimalista, acorde con mi estilo de vida actual. Ahora sé lo que importa de verdad y lo que no. Tiene placas solares como fuente de electricidad, agua potable del pozo, un baño, una ducha y una cama sencilla. Dada la naturaleza de la ambiciosa misión en la que me he embarcado, que prácticamente no te da cuartel en ningún momento, soy más consciente que nunca del riesgo que supondría tratar de hacerle frente sin descansar como es debido. Si no me cuidara, terminaría por quemarme, y en ese estado no podría serle de utilidad a nadie. No quiero pasarme los días yendo a mil por hora cuidando de veinte perros enfermos. Mi intención es no perder de vista el plan a gran escala: cómo darles una mejor calidad de vida a los perros callejeros de todo el mundo.

Espero que me ayudes a difundir la palabra sobre lo que hacemos y poder seguir contando con vuestro inmenso apoyo. Como siempre, prometo seguir compartiendo nuestro día a día y, sea donde sea que estés, donde quiera que vivas, por favor, recuerda cuidar bien de los perros. Si le dedicas un poco de tiempo a conocerlos mejor, te doy mi palabra de que aprenderás muchas cosas importantes sobre la vida, al igual que lo he hecho yo.

PREGUNTAS QUE ME HACEN TODO EL TIEMPO

[Nota: Espero de todo corazón que, para cuando leas este libro, la cantidad de perros necesitados se haya reducido sustancialmente, pero, al momento de su escritura, las cifras son las que menciono a continuación.]

1. ¿Puedo adoptar a uno de los perros que veo en tus redes sociales?

Sí. Hasta la fecha, he podido encontrarles hogar a más de doce perros. La mayoría se encuentran en Tailandia y hay algunos otros en el extranjero. Para enviar un perro a Europa o Estados Unidos, hay que hacer muchos trámites y papeleo; ten en cuenta que suelen tardarse unos cuatro meses en poder conseguirles un hogar aquí. Estoy diseñando un programa de adopción para reubicar a perros en el extranjero y, con suerte, pronto tendremos todo un sistema para poder llevarlo a cabo a gran escala. Un vuelo para trasladar a los perros suele costar entre 500 y 1 000 dólares.

2. ¿Cómo puedo empezar a hacer algo así por mi cuenta?

Hay muchas personas que quieren ayudar a los animales o contribuir de otra manera, pero no saben por dónde empezar. Así me sentía yo al principio de toda esta odisea.

No tienes por qué empezar rescatando a cien perros. Empieza con uno o dos.

Lee, sigue y observa lo que hacemos otras personas que, como yo, se han dedicado a esta misión. Personalmente, hace menos de un año yo no tenía la menor idea sobre cómo cuidar perros. Cualquiera que se dedica a esto aprende sobre la marcha, y tú también podrás hacerlo.

No necesitas apostarlo todo en esta misión, no tiene por qué ser un proyecto al que le dediques toda tu vida y por el que debas abandonar tu carrera profesional tras diez años de meticulosa planificación. Es perfectamente posible empezar con algo muy pequeñito mañana mismo.

3. ¿Cómo costeas todos los gastos?

Tengo la suerte de haber podido ahorrar mientras tenía un trabajo en el mundo corporativo, cuando tenía mi propia empresa. El coste de vida en Tailandia es muy bajo, tengo un apartamento muy modesto de dos habitaciones y, además, no hago mucho más aparte de estar con los perros. A medida que el proyecto ha ido creciendo, el dinero que dona la gente lo hemos destinado a cubrir los gastos veterinarios y las castraciones, porque ahí es donde se acumula la mayor parte del gasto. Soy muy consciente de que, a largo plazo, para poder rescatar a miles de perros, tendré que crear nuevas fuentes de ingresos.

4. ¿Puedo trabajar como voluntario contigo?

Todavía no. Por el momento carezco de la organización necesaria aquí en Tailandia. Me encantaría disponer de esa ayuda y estoy en proceso de crear una fundación benéfica. Cuando eso esté listo, también contaré con un programa de voluntariado. Hasta entonces, lo que puedo hacer es referirte a otras personas que ayudan a los perros y también necesitan voluntarios.

5. ¿Puedo acompañarte a dar de comer a los perros?

Por el momento, yo me encargo de hacerlo todo: darles de comer a los perros, trasladarlos al veterinario, llevarlos a castrar y crear contenido para las redes, y todo lo demás. Me quedan tan pocas horas libres al día que me las acabo pasando montado en la moto, yendo de un sitio para otro intentando llegar a todo. A medida que me organice mejor, prepararé maneras de poder ir a ver a los perros conmigo en un lugar centralizado, pero por ahora ando demasiado corto de tiempo.

6. ¿Cómo puedo ayudar ahora?

Lo cierto es que no me gusta andar pidiendo donaciones ni publicando imágenes tristes constantemente, porque creo que ya hay demasiadas publicaciones así en las redes. Intento que mi contenido traiga un poco de felicidad a los demás, incluso si las historias no son siempre perfectas, porque creo que pueden recordarnos el lado más positivo del mundo. Hay dos maneras muy sencillas y potentes de contribuir de forma directa al rescate de los perros:

La primera es hacer correr la voz. Comparte con otros amantes de los perros las cuentas de Instagram o TikTok que manejo.

La segunda sería donar aquí:
https://www.happydoggo.com/

7. ¿Te ha atacado o mordido algún perro?

Nada grave. Hasta ahora, mi estrategia ha sido alejarme cuando mi intuición me dice que la situación no se presta al acercamiento. Por supuesto que la posibilidad existe, ¡pero seguiré teniendo cuidado!

8. ¿Te cuesta dar a los perros en adopción?

No, en absoluto. De hecho, para mí, que adopten a un perro es como que me toque la lotería, me hace inmensamente feliz. Mi misión es lograr que estén mejor y, si están sanos, dejarlos ir. En cuanto a los casos extremos que me llegan, a veces me cuesta mucho verlos así, pasándolo tan mal, pero a fin de cuentas sé que estoy ofreciéndoles una buena vida, con mejor salud, llena de amor y cuidados.

AGRADECIMIENTOS

Son muchas las personas aquí, donde vivo, que me ayudan a diario. Rod y Jewells, que me acompañan siempre durante los rescates. Valeria, Sybille y Jules, que me ayudan a curar y cuidar a los perros... La lista es interminable, porque todos los días tengo que llamar a alguien que esté dispuesto a donar parte de su tiempo para llevar a un perro a algún sitio o me ayude a arreglar cualquiera que sea el problema canino del día. Estoy rodeado de héroes anónimos que no quieren gloria, ni dinero, ni nada a cambio. Lo hacen todo por los perros.

A Sean y Richard, gracias por aconsejarme siempre. Quienes también se han ganado mi agradecimiento a pulso son los veterinarios, las clínicas y otras fundaciones con las que trabajo y que se dedican a cuidar a los perros. No podría hacer nada de esto sin su ayuda.

Por último, quiero darle las gracias a Susana Galton y al equipo de HarperCollins.

En la entrada de la casa donde vivía con mi madre y mi padre. Recuerdo con felicidad esos días, cuando no sospechaba que mi mundo estallaría en mil pedazos.

Siempre me gustó estar rodeado de animales. Les rogaba a mi abuelo y a mis tíos que me llevaran con ellos de pesca.

De joven, estaba obsesionado con la vida al aire libre y el fútbol, y con cualquier cosa que me librara de los deberes de la escuela y estimulara mi imaginación hiperactiva.

IZQUIERDA: Con un grupo de cachorritos que rescaté en la selva con mis amigos Rob y Jewells. Los perritos estaban viviendo debajo de una construcción. Son vidas muy frágiles que valen mucho. Todos sobrevivieron.

ARRIBA: Alrededor de un mes después de que yo empezara a alimentar a los perros, me llamaron de un periódico porque querían publicar un artículo. Como necesitaban fotos, un amigo me sacó estas con Daisy y Buttons, dos de los primeros perros callejeros a los que les llevé comida.

IZQUIERDA: Mientras rescataba a los cachorros de Britney, no la perdía de vista porque la perra intentaba protegerlos y, en aquel momento, todavía me atacaba con mucha violencia.

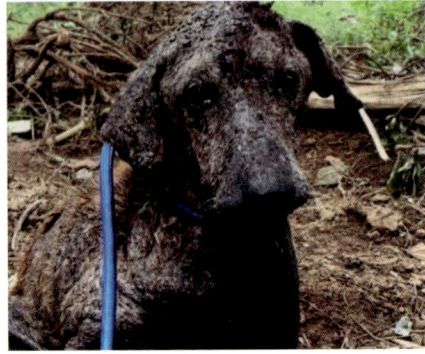

DERECHA: Derek, el primer día en que pude cuidarlo. Estaba muy mal y le quedaban horas de vida. Yo suponía que lo único que podía hacer por él era prepararle una buena despedida, pero me demostró que estaba totalmente equivocado.

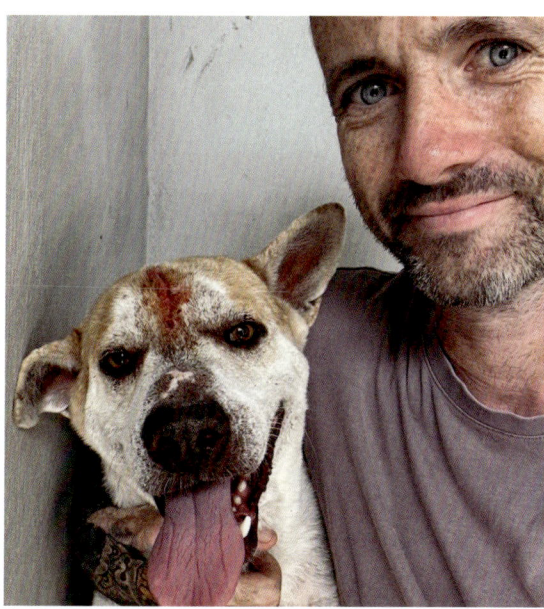

Sonriendo con King Whacker una semana después de que alguien quisiera matarlo con un pico. Aquí, los dos estamos felices porque sabemos que va a sobrevivir.

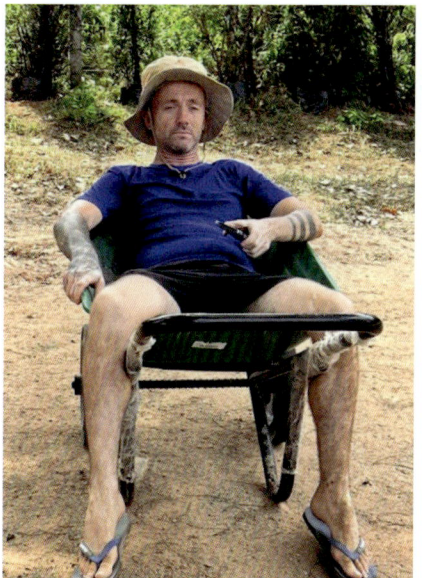

Un amigo me retrató agotado en la carretilla, estaba fundido física y mentalmente después de un día con los perros. A veces, este trabajo te demanda una enorme cantidad de energía.

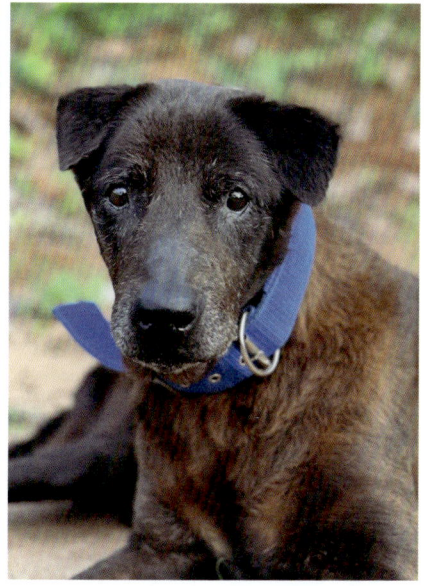

Giuseppe, un perro distinguido. Lo rescatamos de la calle para cuidarlo durante tres meses y darle un maravilloso final a su vida.

No me queda mucho tiempo para relajarme, pero de vez en cuando elijo a un perro y me lo llevo a descansar 10 minutos a la hamaca conmigo. Mientras nos mecemos, sabiendo que ambos deberíamos estar muertos, somos pura felicidad.

DERECHA: McMuffin en su primera visita a la veterinaria después de que la rescatáramos. Su aspecto, su olor y su manera de comportarse eran como si estuviera a punto de morir. Luego, McMuffin venció al cáncer y se convirtió en la mascota de todo el proyecto.

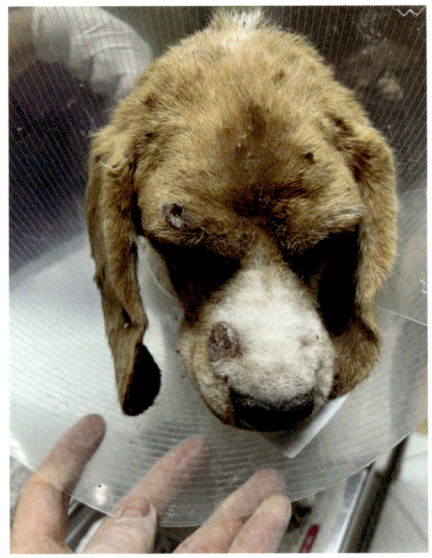

IZQUIERDA: El día en que McMuffin nos «dijo» que estaba lista para seguir viviendo, llevaba puestos unos vendajes rojos y amarillos que le tapaban los tumores cancerígenos. Así que al mirar en el menú de McDonald's, me recordó a un McMuffin. Perfecto.

Lucky y Chopper fueron los dos primeros perros que enamoraron a la gente. Yo los quería mucho, los llevaba a la playa e inventaba excusas para ir a verlos a menudo. Luego desaparecieron.

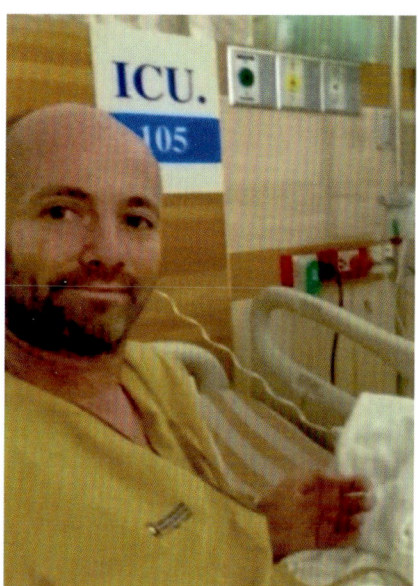

El día en que entré en la UCI. Sentado en esa cama y al borde de la muerte, decidí que, si sobrevivía, cambiaría mi vida por completo y haría algo que tuviera sentido.

Con Tina, una perra de raza que agonizaba atada a una cadena corta. Esto es al principio de su recuperación, pero Tina ya se había convertido en mi sombra. En esta foto, los dos rebosamos de amor y felicidad.

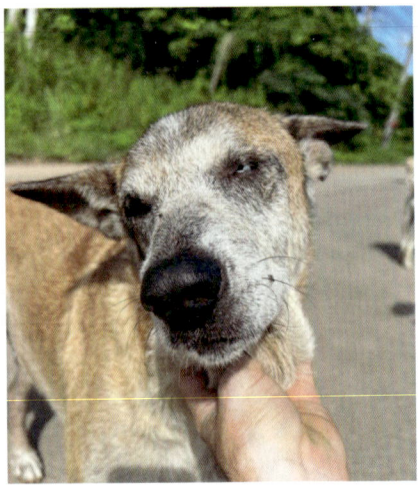

Un día especial de playa para la supermamá Beyoncé y su hijito Ryan Gosling. Después de haber sufrido tanto y ser tan valiente en la selva, esta perra se merecía algo especial.

Marlon Brando era un perro muy bueno y todo un caballero. Le daba de comer todos los días y le limpiaba los ojos. Cuando lo atropelló un auto y lo dejaron abandonado en medio de la carretera, me pareció importante darle una despedida digna.

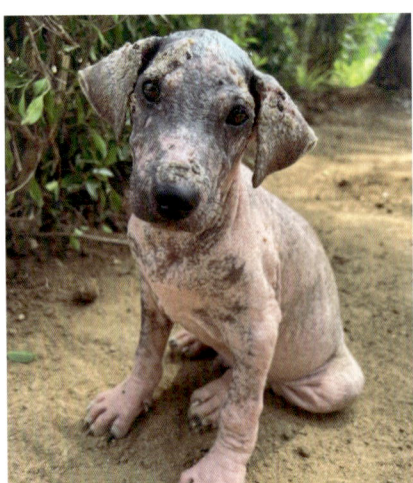

No estaba seguro de si Rodney sobreviviría, pero esta fue una de las primeras fotos en las que apenas había empezado a mejorar y a demostrar que tenía futuro.

En mis viajes, siempre recojo cachorros abandonados. He aprendido a llevar tres en una mano mientras con la otra manejo la moto, es imprescindible en una emergencia.

De vez en cuando me gusta darles una sorpresa a los perros, como preparar para los 80 un asado navideño con toda su guarnición.

Me siento completamente libre y en paz cuando salgo en la moto a buscar y rescatar perros. No necesito cosas materiales, ni un auto de lujo ni ningún beneficio. Cada segundo de mi vida me gratifica, a pesar de las dificultades.

Britney fue la perra a la que más me costó rescatar. Antes atacaba a las personas y a otros perros; pero ahora está mucho más tranquila. Me da mucho trabajo, y aquí está en su lugar favorito.

Snoop, Jumbo y Britney son mis tres perros, los que viven conmigo de forma permanente. Todos son rescatados y necesitan cuidados muy especiales. Cuando vuelvo a casa cansado, siempre me están esperando, ¡porque es la hora de sus propias aventuras!

Snoop saliendo de su transportín el día en que llegamos a Tailandia. Hacía 24 horas que no nos veíamos y yo estaba muy preocupado. Nuestro vínculo es amor puro, en las buenas y en las malas.